바이러스와
맞서 싸운
위대한 영웅들

바이러스와 맞서 싸운 위대한 영웅들

초판 1쇄 2020년 12월 21일
초판 2쇄 2021년 12월 10일

지은이 박성아
그린이 이은주
펴낸이 구모니카
디자인 양선애
마케팅 신신섭
펴낸곳 M&K
등록 제7-292호 2005년 1월 13일
주소 경기도 고양시 일산서구 고양대로 255번길 45, 903동 1503호(대화동, 대화마을)
전화 02-323-4610
팩스 0303-3130-4610
E-mail sjs4948@hanmail.net
bolg blog.daum.net/mnk

ISBN 979-11-87153-94-8 73900

※ 값은 뒤표지에 있습니다. 잘못된 책은 바꾸어 드립니다.

바이러스와 맞서 싸운 위대한 영웅들

박성아 글 · 이은주 그림

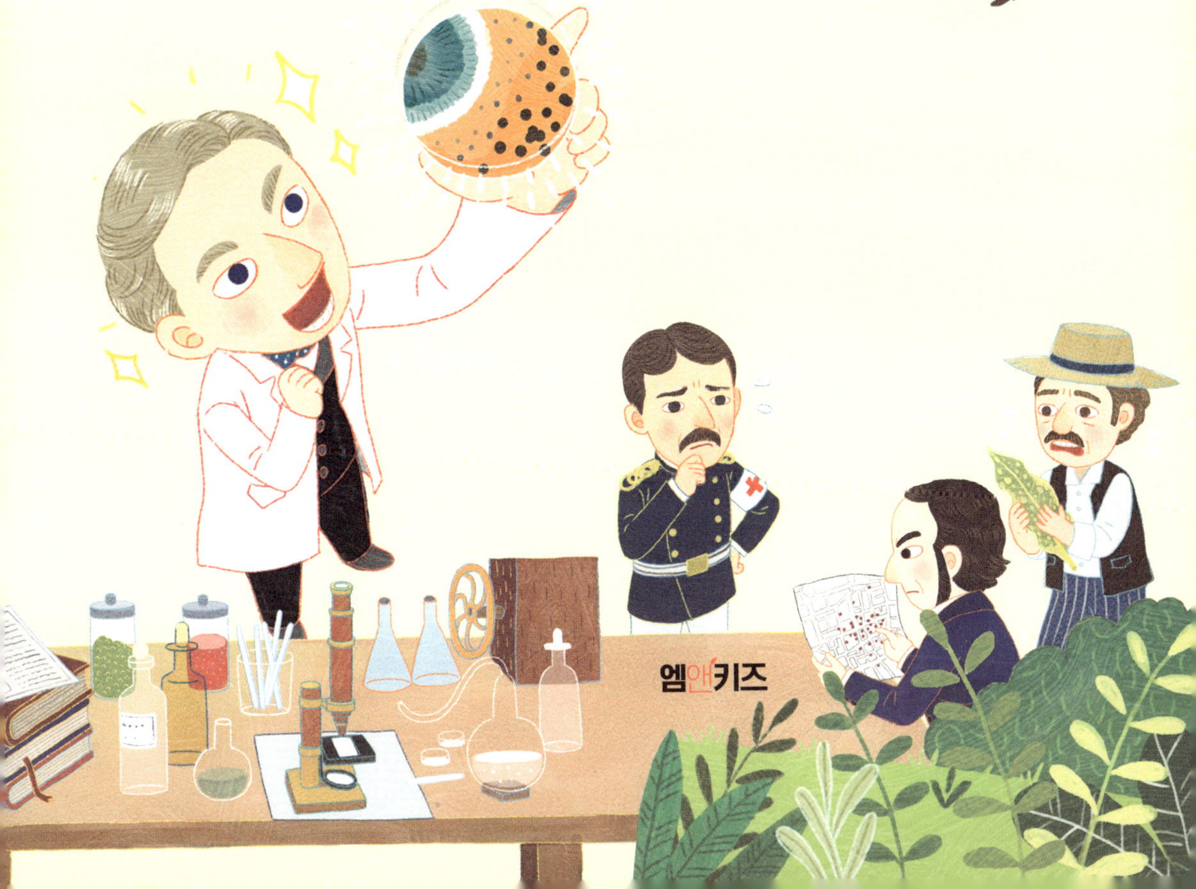

엠앤키즈

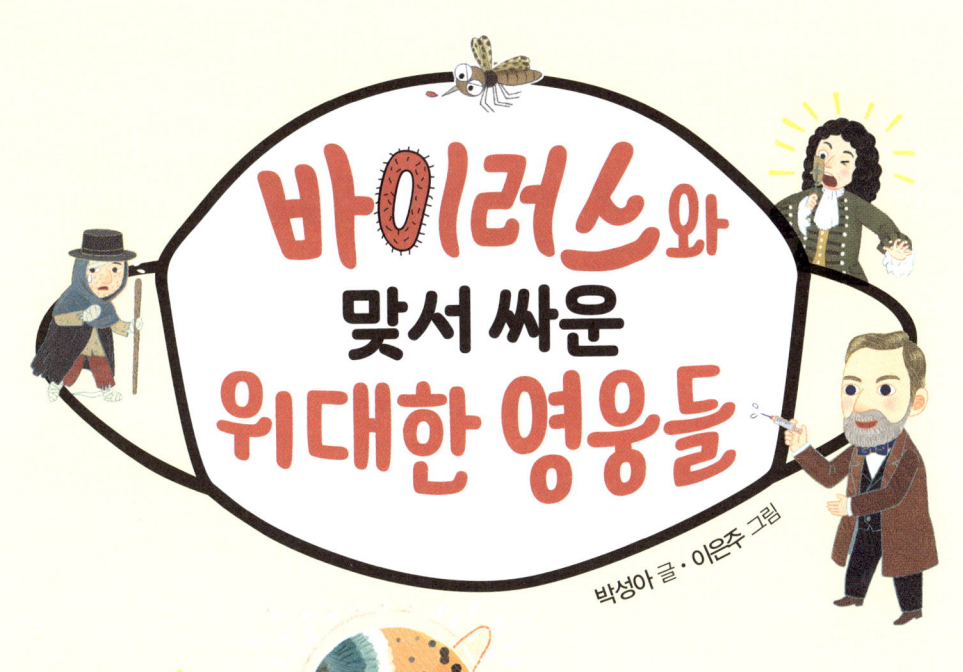

머리말

바이러스와 싸운 사람들

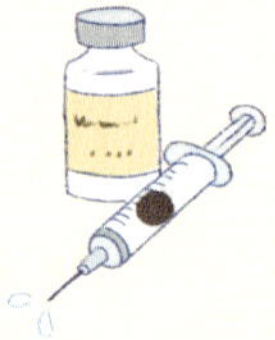

바이러스는 아주 작은 물질이어서 눈으로 볼 수 없어요. 또 혼자서는 살 수 없어서 살아 있는 사람이나 동물의 몸속에 들어가 살지요. 바이러스는 흑사병, 스페인 독감, 사스, 메르스, 코로나19라는 이름으로 사람들을 오랫동안 괴롭혀 왔어요.

바이러스의 존재가 세상에 알려지자 사람들은 바이러스에 대해 좀 더 알고 싶어 했어요. 이 정체 모를 물질이 많은 사람들을 어떻게 죽음에 이르게 했는지 정말 궁금해했지요. 하지만 그 비밀을 알기까지 사람들이 넘어야 할 산들은 너무나도 많았어요. 심지어 바이러스의 정체를 밝히기 위해 목숨까지 내놓은 사람도 있어요.

이 책은 인류가 세균이나 바이러스로부터 온 전염병과 어떻게 싸워 왔는지 이야기하고 있어요. 그중에는 전염병을 예방하는 백신을 만들려고 자신에 몸에 병원균을 직접 넣은 사람의 이야기도 있지요. 인류를 원인 모를 질병에서 구하기 위해 헌신한 수많은 사람들의 열정을 만날 수 있을 거예요.

최근 전 세계적으로 유행한 코로나19로 인해 많은 사람들이 고통을 받고 있어요. 두려워하고 당황하는 사람들도 많을 거예요. 사람의 목숨뿐만 아니라 경제적으로도 큰 타격을 받고 있지요. 코로나19의 원인을 밝히고 예방 백신과 치료제를 만들기 위해 얼마나 많은 사람들이 연구하고 있는지 안다면 여러분도 깜짝 놀랄 거예요.

코로나19가 물러가더라도 또 다른 바이러스 질병이 등장할 거예요. 언제, 어디서 바이러스에 노출될지 몰라요. 새로 등장한 바이러스가 코로나19처럼 전파가 빠른 전염병이라면 인류 전체를 위협할 수 있어요.

바이러스를 물리치는 일은 간단하고 쉬운 일이 아니에요. 치료제가 나오기까지 수많은 사람들이 목숨을 잃기도 하고, 영영 치료제를 만들지 못할 수도 있어요. 약을 만든다 해도 임상 실험을 통과하고 정식 치료제로 등록되기까지 오랜 시간이 걸리지요.

하지만 바이러스와 싸운 위대한 영웅들이 우리 곁에 있는 한, 바이러스가 힘을 못 쓰고 사라지는 날이 꼭 올 거예요. 이 책을 통해서 인류를 위해 바이러스와 싸운 위대한 사람들이 누구인지 기억하고, 고마움을 깨닫는 여러분이 되기를 바랍니다.

박성아

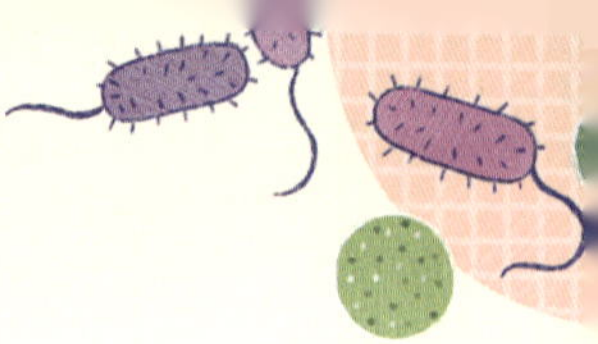

차례

1 현미경을 통해 세균을 발견한 안톤 판 레이우엔훅

출생~사망 1632~1723년

나라 네덜란드

업적 현미경 제작, 미생물 및 세균 최초 발견

안톤 판 레이우엔훅은 네덜란드의 한 포목점에서 옷감을 팔았어요.

"구멍 난 곳은 없겠지?"

레이우엔훅은 오늘도 옷감의 조직이 잘 짜여 있는지, 구멍은 없는지 꼼꼼하게 살펴봤어요. 오른손에 돋보기를 들고 무척 진지한 표정으로 구석구석을 확인했어요. 손님들에게 좋은 옷감을 팔려면 꼭 필요한 작업이었지요.

레이우엔훅은 옷감이나 물건을 확대해서 살펴보는 게 재미있어 현미경을 직접 만들기까지 했어요. 그러다가 아주 작은 것들로 이루어진 세상이 궁금했어요.

“맨눈으로 볼 수 없는 아주 작은 것들을 확대해서 자세히 볼 순 없을까?”

레이우엔훅은 직접 유리를 갈아서 만든 현미경 렌즈를 통해 빗방울이나 침, 똥 등을 살펴보았어요.

그러던 어느 날, 레이우엔훅은 자신이 만든 현미경으로 물방울을 보며 소리쳤어요.

“우아! 뭔가가 꿈틀거리고 있어!”

1673년, 레이우엔훅은 자신이 만든 현미경으로 아주 작은 생물을 발견했어요. 그리고 세상에는 맨눈으로 볼 수 없는 아주 작은 생명체들이 많다는 걸 깨달았어요. 레이우엔훅은 자신이 본 것을 가리켜 '작은 동물'이라고 이름 지었답니다. 그러고는 자신이 본 것들을 그림으로 남겼어요.

실제로 레이우엔훅이 본 것은 오늘날 '미생물'이나 '세균'이라

고 부르는 것들이었지요. 이전에도 네덜란드인 차하리아스 얀센이 만든 현미경이 있긴 했어요. 하지만 아홉 배 정도만 확대되었고, 초점도 잘 맞지 않았어요. 그런데 레이우엔훅이 만든 현미경은 270배나 확대해서 볼 수 있을 만큼 성능이 좋았어요. 사람의 눈으로는 볼 수 없었던 꿀벌의 촉수나 효모, 세포까지 관찰할 수 있었으니까요.

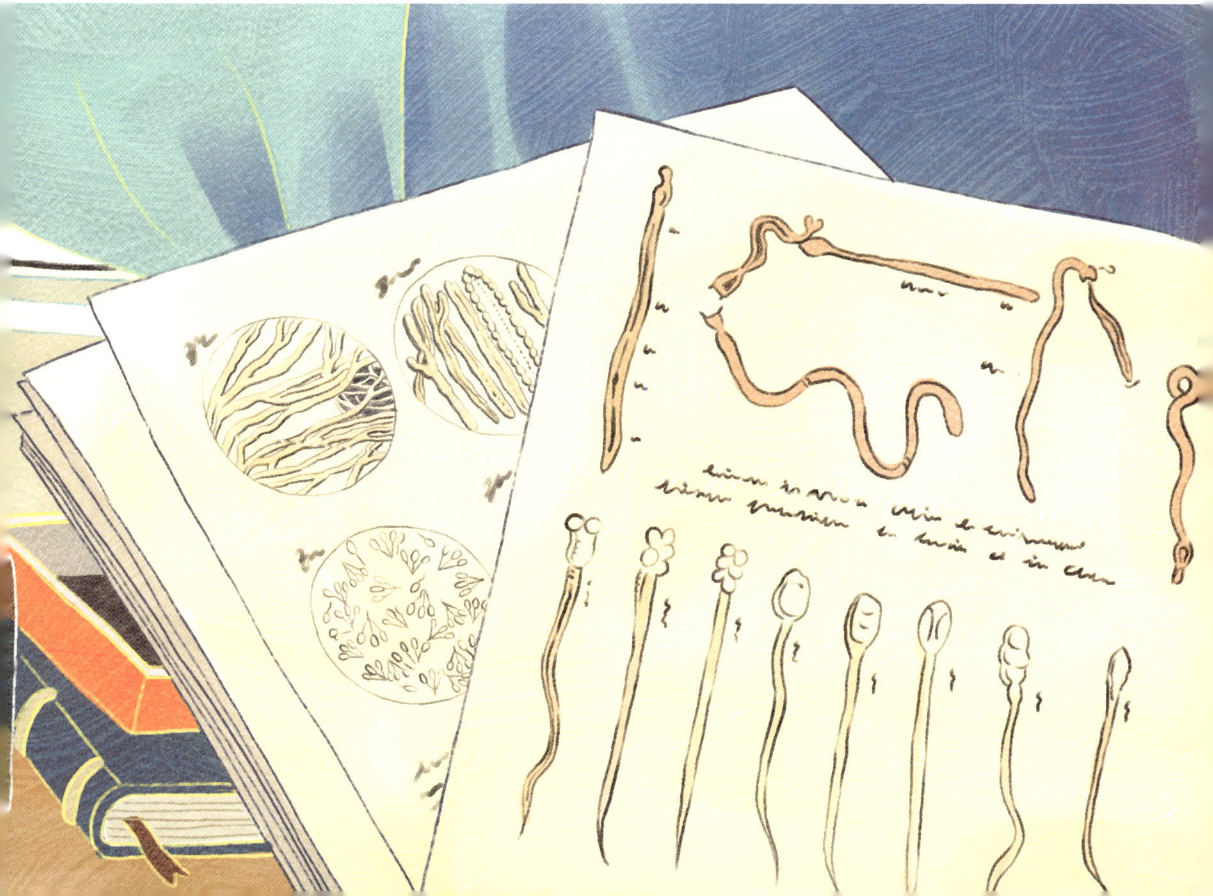

“뭐든 가져와 봐. 내 현미경으로 다 볼 수 있다고!”

레이우엔훅은 포목점 일보다 작은 생물을 관찰하는 일이 훨씬 더 재미있었어요. 그래서 평생 현미경을 계속 연구하면서 녹조류, 해캄, 효모 등 다양한 것들을 관찰했어요.

레이우엔훅이 한 발견은 눈에 보이지 않는 세균과 미생물 연구의 기초가 되었어요. 레이우엔훅이 남긴 관찰 노트는 오늘날 사람들이 보기에도 알아보기 쉽게 정리가 잘 되어 있답니다.

1676년, 레이우엔훅은 따로 논문이나 책을 쓰지 않고 영국 왕립학회에 자신이 스케치한 그림을 보냈어요. 그러나 왕립학회의 과학자들은 레이우엔훅의 그림을 그저 장사꾼의 취미 생활로만 여겼어요.

“전문 과학자도 아니고 그냥 장사꾼일 뿐이잖아.”

하지만 그중에는 레이우엔훅의 관찰이 과학사에서 큰 의미가 있다고 여긴 사람이 있었어요.

“옷감 장수라고 무시하지 맙시다! 레이우엔훅이 주장하는 것을 실험을 통해서 증명하는 게 먼저이지 않을까요?”

바로 왕립학회의 과학자이자 ‘세포(cell)’라는 이름을 처음 쓴

로버트 훅이었답니다. 로버트 훅은 레이우엔훅의 현미경으로 세포를 관찰했고 레이우엔훅의 연구 성과를 인정해 주었어요. 그 덕분에 레이우엔훅은 최초의 미생물 발견자로 과학사에 이름을 남길 수 있었답니다.

레이우엔훅이 미생물을 발견한 이후로 많은 과학자들이 지금까지 미생물의 세계를 끈기 있게 연구해 왔어요. 그 사람들이 없었다면 어땠을까요? 아마 사람들은 다양한 세균이나 바이러스가 세상에 있다는 것을 모른 채 살았을지도 몰라요.

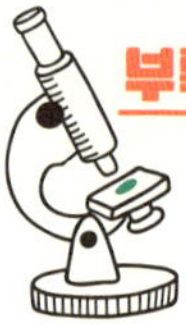

부록

더러운 입속 세균, 너 딱 걸렸어!

안톤 판 레이우엔훅은 작은 미생물을 단순히 현미경으로 보는 것에만 만족하지 않았어요. 1670년, 레이우엔훅은 이를 잘 닦는 사람과 그렇지 않은 사람의 이가 얼마나 다른지 확인하고 싶었어요.

"이를 깨끗이 닦아야 입속에 벌레가 살지 않아."

딸이 사꾸만 이를 닦지 않으려고 해서 직접 보여 주기로 했지요.

레이우엔훅은 자신을 포함하여 아내와 딸의 이에 낀 물질과 태어나서 칫솔질을 한 번도 하지 않은 두 남자의 입에서 얻은 물질을 현미경으로 관찰했어요.

"으, 이게 뭐야? 진짜 입속에 벌레가 있잖아?"

놀랍게도 평생 이를 닦지 않은 두 남자의 입속에서 세균을 발견했답니다. 레이우엔훅은 내친김에 우리 몸에 다른 세균이나 미생물이 살고 있지 않은지 관찰했어요. 그 결과 신체의 여러 부위에 서로 다른 미생물이 살고 있고, 어린아이와 어른의 몸에 살고 있는 미생물이 다르다는 것을 발견했지요.

또한 하수구 물에 있는 어떤 미생물(오늘날의 람블편모충)이 특정한 질병과 관련이 있다는 사실을 밝혀냈어요. 람블편모충은 배 속 소장에 기생하면서 설사, 복통 등을 일으키는 기생충이었어요. 이렇게 레이우엔훅은 현미경으로 단순하게 관찰만 하기보다 거기서 더 나아가 질병이 생기는 원인까지 알아냈답니다.

안톤 판 레이우엔훅

2 대항해 시대, 괴혈병을 물리친
제임스 린드

출생~사망 1716~1794년
나라 영국
업적 괴혈병의 원인 발견, 비타민C 보급

서유럽 사람들은 15세기부터 17세기까지 바닷길을 통해 새로운 땅을 찾아 나섰어요. 이때를 '대항해 시대'라고 부른답니다. 그런데 대항해 시대가 시작되면서 심각한 문제가 생겼어요.

"괴혈병으로 선원이 반이나 줄었어!"

"흑흑, 우리도 언젠가 죽고 말 거야……."

괴혈병에 걸리면 온몸에서 힘이 빠지고, 잇몸에서 피가 나요. 심하면 죽을 수도 있는 병이에요.

새로운 땅을 찾는 일이란 짧은 기간 내에 끝나는 일이 아니었어요. 짧게는 몇 달에서 길게는 몇 년까지 배를 타고 다녀야 했지요. 바다 위에서 몇 날 며칠 먹고 자야 했어요.

문제는 식량으로 배에 실은 치즈나 버터, 빵 같은 음식들이 금방 상했다는 거예요.

“잘 썩지 않는 음식들 위주로 배에 싣자.”

선원들은 오래 두고 먹을 수 있는 술이나 소금에 절인 고기만 먹어야 했어요. 그런데 음식 때문인지, 선원들이 괴혈병으로 시름시름 앓다가 배 위에서 죽는 일이 많았어요.

“아, 부모님 얼굴을 마지막으로 한 번만 볼 수 있다면…….”

선원들은 거센 파도와도 싸워야 했지만 괴혈병과도 싸워야 했어요.

이 괴혈병을 물리친 사람이 있어요. 바로 영국 해군인 제임스 린드였답니다.

“괴혈병을 치료할 수 있는 방법이 없을까?”

1747년, 린드는 배 위에서 힘없이 죽어 가는 선원들을 보고 괴혈병에 관심을 가졌어요. 그리고 괴혈병과 관련된 자료들을 이것저것 찾아보다 괴혈병에 관해 정리한 ‘크라머의 보고서’를 우연히 보게 되었지요.

<크라머의 보고서>

괴혈병으로 죽은 사람들은 모두 빵과 콩만 먹었던 병사들이다.
신선한 과일과 채소를 먹은 장교들은 괴혈병에 걸리지 않았다.

린드는 크라머의 보고서를 읽고 나자 괴혈병에 관한 자료를 좀 더 찾아보고 싶었어요. 그러던 중 흥미로운 사실을 발견했답니다. 어느 외딴섬에 버려진 괴혈병 환자가 원주민이 뜯어 온 풀을 먹고 병이 나았다는 기록을 본 것이지요.

"음식으로 괴혈병을 치료할 수 있지 않을까?"

린드는 괴혈병에 걸린 환자 열두 명을 모아 실험을 해 보기로 했어요. 환자를 두 명씩 여섯 조로 나눈 다음 이들에게 매일 똑같은 음식을 주었어요. 그리고 추가로 각각의 조에 사과 과즙과 묽은 황산, 오렌지 두 개, 레몬 한 개, 식초, 바닷물 등을 음식과 함께 주었답니다.

"뭔가 변화가 있어야 할 텐데……."

린드는 초조하게 기다렸어요.

엿새 후, 신기하게도 오렌지와 레몬을 먹은 환자들은 병이 거의 나았어요. 하지만 나머지 음식을 먹은 환자들은 계속 괴혈병에 시달렸지요.

'병이 낫지 않은 나머지 환자들에게도 오렌지와 레몬과 같은 감귤류의 과일을 먹이면 병이 나을까?'

린드는 머릿속에 떠오른 생각을 당장 실험해 보았어요. 그랬더니, 며칠 후 괴혈병이 서서히 낫기 시작했어요.

린드의 실험이 오늘날에는 단순하게 여겨질 수 있을 거예요. 하지만 당시에는 시대를 앞서간 기발한 생각이었답니다. 그리고 린드의 실험 덕분에 많은 사람들이 괴혈병의 두려움 없이 더 멀리까지 탐험을 떠날 수도 있었어요.

부록

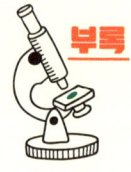

제인스 린드 덕분에 하와이를 발견했다고?

제임스 린드의 괴혈병 실험에 큰 관심을 가진 탐험가가 한 명 있었어요. 바로 뉴질랜드 5달러 지폐에 등장하는 제임스 쿡 선장이었지요.

“아니, 신선한 과일과 채소만 먹어도 괴혈병이 낫는다는 말이야? 그 쉬운 방법을 몰랐다니! 당장 실행해 봐야겠다.”

쿡 선장은 누구보다 실행력이 있는 사람이었어요. 주저할 이유가 없었지요. 쿡 선장은 배를 탈 때마다 채소와 사우어크라우트(양배추로 만든 비타민C가 풍부한 독일식 김치)를 가득 채워 넣었어요. 그 덕분에 세 차례의 긴 항해에도 괴혈병으로 죽는 선원이 한 명도 나오지 않았지요.

괴혈병을 물리치자 쿡 선장은 두려울 게 없었어요. 태평양을 일곱 번이나 항해했고, 남극 대륙 탐험을 하러 가던 중에 뉴질랜드를 발견하고, 아프리카 최남단 희망봉을 돌아 대서양을 거쳐 영국으로 돌아왔어요. 1778년 1월 18일에는 하와이 섬을 발견해 '샌드위치 섬'이라고 이름을 붙였지요.

이후 영국 해군은 배를 타는 병사들에게는 항상 레몬이나 라임을 먹였답니다. 비타민C를 과일로 섭취하게 해 괴혈병을 예방한 것이지요.

제임스 쿡

제임스 린드

3 세계 최초로 우두 백신을 발견한

에드워드 제너

출생~사망 1749~1823년

나라 영국

업적 우두 백신 개발

천연두는 온몸에 오돌토돌한 물집이 생기는 병이에요. 이 병은 '두창'이라는 바이러스 때문에 생겨났어요.

천연두에 걸린 사람은 토하거나 높은 열에 시달렸지요. 그러다 곧이어 온몸에 붉은 반점이 나타나기 시작해요. 이후 반점이 생긴 부위가 부풀어 오르며 물집이 생기는데, 이때 너 높은 열이 나서 목숨까지 위험하답니다.

실제로 백신이 나오기 전까지 수많은 사람이 천연두로 목숨을 잃었어요. 천연두를 이겨 내고 낫는다고 해도 얼굴에 울퉁불퉁한 곰보 자국이 생겼답니다. 특히 이 병은 면역력이 약한 아이들에게 아주 위험한 전염병이었어요.

"제발 우리 아이 좀 살려 주세요."

아이가 천연두에 걸리면 부모는 약이 없어 발을 동동 구르기만 할 뿐이었어요.

천연두는 처음 아프리카에서 발생해 인도와 유럽으로 전해졌어요. 로마의 황제였던 아우렐리우스도 천연두에 걸려 목숨을 잃었다고 해요. 그러다 지중해 연안과 아시아를 오가는 무역상들을 통해 천연두는 아시아 전역으로 퍼져 나갔답니다.

약 200년 전, 에드워드 제너는 영국의 의사였어요. 당시 영국에서는 천연두가 온 마을에 퍼지고 있었답니다. 병을 잘 고치기로 소문난 제너였지만, 천연두는 어떻게 치료를 해야 할지 몰라 막막했어요.

이때 영국에서는 한 가지 소문이 떠돌고 있었어요. 소가 걸리는 천연두를 '우두'라고 하는데, 우두가 사람에게 옮으면 붉은 발진만 생길 뿐 곧 낫는다는 것이었어요.

"소문일 뿐이라지만, 확인은 해 봐야지."

제너는 1퍼센트의 희망이라도 붙잡고 싶었어요. 그래서 농장으로 달려가 소젖 짜는 아가씨나 목동들을 살펴보았어요. 그곳에서 제너는 한 가지 실마리를 얻었답니다. 소와 가까이 지내는 사람들은 대체로 천연두에 걸리지 않는다는 것이었어요.

'그래, 우두 바이러스를 이용하면 천연두를 예방할 수 있을지도 몰라!'

그 뒤 제너는 천연두 예방법을 알아내려고 우두에 걸린 사람들을 열심히 찾으러 다녔어요. 우두에 감염된 사람은 천연두에 걸리지 않는다는 걸 밝히고 싶었지요. 제너는 이것을 실험으로 증명하려고 했지만 목숨을 걸고 실험에 응하겠다는 사람을 찾는 게 쉬운 일은 아니었어요.

그러던 어느 날, 존 필립이라는 62세의 노인이 제너를 찾아왔어요. 존은 제너의 실험에 대해 설명을 듣자 믿음이 생겼지요.

"나는 아홉 살 때 우두에 걸린 적이 있소. 당신 실험에 참가하게 해 주시오."

제너는 주사기로 천연두 환자의 상처 부위에서 병균을 뽑아 존의 몸에 넣었어요. 그러자 주사를 맞은 부위에 약간의 붉은 발진이 나타났어요. 며칠 동안 존은 주사를 맞은 부위가 아팠지만 5일쯤 지난 후 곧 상태가 곧 좋아졌답니다.

이로써 한 번 우두에 걸리고 나면 50년이 지나도 천연두에 걸리지 않는다는 사실이 밝혀졌지요.

"좋아, 이제 다음 단계로 가 보자."

제너는 이 성공에 만족하지 않고 천연두 예방법을 알아내기 위해 여덟 살 어린이에게 먼저 우두균을 접종했어요.

"제발 성공해야 할 텐데……."

제너는 간절히 기도했어요.

기도가 통했던 것일까요? 얼마 후 소년은 약간의 열이 났고, 팔에 상처가 몇 개 생겼지만 곧 나았어요. 다음 단계로 제너는 소년의 몸에 천연두균을 넣었어요. 예상했던 대로 천연두의 증상은 나타나지 않았어요. 제너는 같은 실험을 여러 사람에게 되풀이했어요. 결과는 똑같았답니다. 우두균을 맞은 사람은 천연두에 감염되지 않았어요.

1798년에 드디어 제너는 자신의 연구와 실험을 토대로 종두법을 발표했어요. 종두법은 전염병으로 인해 두려움에 떨었던 사람들을 안심시킬 수 있었던 최초의 백신 치료법이었답니다.

부록

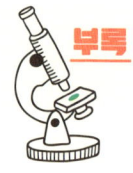

소젖 짜는 사람은 천연두에 걸리지 않는다?

목사의 아들로 태어난 에드워드 제너는 1770년부터 2년간 런던 대학 세인트 조지스 병원의 유명한 외과 의사인 존 헌터 밑에서 의학을 배웠어요. 1792년, 의학 박사가 된 제너는 고향 마을에서 병원을 개업했어요. 천연두에 관심을 가지게 된 것도 이때부터였어요.

소젖을 짜는 사람들은 천연두에 걸리지 않는다는 것을 알게 된 제너는 우두에 걸린 환자로부터 채취한 고름을 배양(동식물 세포와 조직의 일부나 미생물을 가꾸어 기름)한 균으로 천연두를 고칠 수 있다고 생각했어요.

1796년, 제너는 여덟 살 소년에게 우두균을 접종했어요. 소년은 몸에 균이 들어간 후 열이 약하게 났는데, 이후 증상이 심각해지지 않고 며칠 뒤에 건강을 되찾았지요. 이후 제너는 소년에게 천연두균을 주입했는데, 아무런 증상이 나타나지 않았어요. 이렇게 제너는 우두에 걸렸던 사람은 천연두에 걸리지 않는다는 것을 증명한 뒤 천연두 백신을 만들었어요.

에드워드 제너

백신(vaccine)은 프랑스 과학자인 루이 파스퇴르가 처음으로 사용한 말이에요. 원래 이 단어는 '소'를 뜻하는 라틴어 '바카(vacca)'에서 따온 말이지요. 예방 접종이 소의 우두에서 처음 시작했기 때문에 거기서 이름을 가져왔답니다.

우두법은 유럽과 미국에서 인정되어 1800년까지 약 6,000명의 사람이 접종했어요. 제너는 런던 명예시민으로까지 추대되었고, 천연두는 그로부터 200여 년 후 지구상에서 완전히 사라졌어요.

4

콜레라를 붙잡은 의사 탐정 존 스노

출생~사망 1813~1858년
나라 영국
업적 콜레라 연구, 공중위생 개혁

"윽! 창자가 쥐어짜듯 아파요!"

1854년, 영국 런던의 여름이 끝나 갈 무렵이었어요. 병원 앞에서 환자들이 긴 줄을 서 있었어요.

"제발 우리 아이 좀 봐 주세요. 어제부터 계속 토하고 설사를 해요."

환자들의 증세는 하나같이 비슷했어요. 배가 몹시 아프고 구토를 하다가 심하면 계속 설사를 했지요. 그러다가 온몸의 영양분이 다 빠져나가면 결국 죽음에 이르게 되었어요.

게다가 이 병은 전염 속도가 엄청 빨라서 런던 곳곳으로 순식간에 퍼져 나갔답니다.

“큰일이네. 도대체 이게 무슨 일이람! 런던에 무서운 전염병이 퍼지고 있어.”

물밀듯이 밀고 들어오는 환자들 때문에 의사들도 정신이 없었어요.

당시 사람들은 무엇 때문에 병에 걸렸는지조차 알 수 없었어요. 그저 더러운 공기가 사람들 몸속에 들어가 병이 생겼다고

생각했지요. 그렇지 않으면 그렇게 순식간에 퍼져 나갈 리 없다고 여겼거든요.

사실 이 병은 1817년에 인도에서 먼저 퍼진 '콜레라'였어요. 콜레라는 격렬한 설사와 구토로 인해 짧은 시간 내에 건강한 사람을 죽게 할 만큼 무서운 병이었지요.

1800년대 런던은 많은 사람들이 모여 사는 아주 큰 도시였어요. 그럼에도 불구하고 아직 상하수도 시설이 제대로 갖추어져 있지 않았지요.

특히 가난한 사람들이 모여 살던 곳을 빈민가라고 하는데, 이곳에서 사람들은 좁고 더러운 화장실을 여럿이 함께 사용해야 했어요.

"윽, 냄새가 아주 고약하군! 이러다가 템스 강이 온통 똥물로 가득 차겠어."

빈민가의 오물과 하수는 템스 강으로 흘러들기 일쑤였어요. 템스 강이 오염될 수밖에 없었죠.

사실 콜레라균은 오염된 물로 전염되는 질병이었답니다. 당시 사람들은 이러한 사실을 알지 못했지요. 수돗물을 끓여 마시거나 하수를 처리하는 등의 위생 문제에 크게 신경을 쓰지 않았거든요.

'아무래도 더러운 물과 관련이 있는 것 같아!'

이런 사실을 처음 알아낸 사람은 런던의 의사 존 스노였어요. 스노는 콜레라의 원인이 공기가 아닌 다른 곳에 있을 거라고 생각했어요.

'오염된 공기로 전염된다면 배가 아픈 게 아니라 폐에 문제가 먼저 있었겠지. 도대체 원인이 뭘까?'

그래서 스노는 런던 시내를 돌아다니며 콜레라 환자가 사는 집을 지도에 표시해 보았어요.

'브로드 40번가에서 죽은 사람이 가장 많군. 브로드 40번가와 콜레라가 어떤 연관이 있을까?'

추적 끝에 스노는 브로드 40번가의 한 우물에서 물을 길어다 먹은 사람들이 콜레라에 걸렸다는 것을 알아냈어요.

"그래, 바로 이거야. 여기로 흘러드는 더러운 하수가 우물을 오염시킨 거야."

스노는 당장 사람들에게 우물을 사용하지 못하게 하고 오염되지 않은 깨끗한 물을 먹게 했어요.

"여러분, 콜레라에 걸리지 않으려면 깨끗한 수돗물을 마셔야 합니다!"

런던시는 스노의 의견을 적극적으로 받아들여 곧바로 상하수도 시설을 제대로 갖추었어요. 더러운 물은 따로 모아서 깨끗이 정화하고, 상수도를 연결해서 사람들이 깨끗한 물을 마시고 쓸

수 있게 했지요.

그 이후 런던은 빠른 속도로 무섭게 퍼져 나가던 콜레라를 막을 수 있었어요.

당시 스노가 브로드 가를 집집마다 확인하여 작성한 지도는 지금도 남아 있답니다. 지도만 봐도 스노가 얼마나 열정적으로 콜레라를 추적했는지 알 수 있을 거예요.

부록

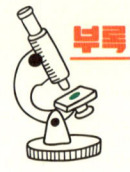

빅토리아 여왕의 출산을 도운 존 스노

수술할 때 마취제가 없으면 어떨까요? 환자의 고통은 이루 말할 수가 없고, 그것을 보는 의사도 힘들었을 거예요. 과거에는 마취 대신 고통을 잊도록 술을 먹게 하기도 하고, 마취 성분이 있는 약제를 마시게도 했지만 모두 한계가 있었어요.

콜레라를 물리친 존 스노는 영국 최초의 마취 전문가이기도 했어요. 마취제의 종류에는 에테르와 클로로포름이 있는데, 수술을 할 때 몸에 주입하면 몸의 감각을 사라지게 해 고통을 느끼지 않았지요.

'숨 쉴 때 마취제를 들이마시는 방법이 없을까?'

스노는 마취제를 흡입할 수 있는 기구를 생각해 냈어요. 이후 스노는 영국 최초의 마취 전문가가 되었지요.

1853년 봄, 영국 빅토리아 여왕은 여덟 번째 아들인 레오포트 왕자의 출산을 앞두고 있었어요. 이때 스노는 여왕의 주치의가 되어 마취제인 클로로포름을 사용했지요. 이전에도 에테르와 클로로포름을 이용하여 고통 없이 아이를 낳은 사람들이 있었지만, 한 나라의 여왕이 마취제를 사용하여 아이를 낳은 적은 한 번도 없었어요. 빅토리아 여왕은 스노의 도움으로 큰 고통 없이 왕자를 낳았고, 이에 만족하여 1857년 베아트리체 공주를 낳을 때도 마취제를 이용했다고 해요.

스노의 지도

존 스노

5 백신의 시초를 발견한 루이 파스퇴르

출생~사망 1822~1895년

나라 프랑스

업적 닭 콜레라, 광견병 백신 개발, 저온 살균법 개발

어느 날, 포도주를 만드는 제조업자가 루이 파스퇴르를 찾아와 말했어요.

"교수님, 포도주를 오래 놔두면 시큼한 맛이 납니다. 왜 그런 걸까요?"

"그거 흥미로운 질문이군요. 제가 한번 연구해 보지요."

파스퇴르는 밤을 새워 가며 연구한 끝에 포도주가 상하는 이유를 찾아냈답니다.

'흠, 범인은 미생물(박테리아) 때문이었군.'

파스퇴르는 포도주가 시어지기 전에 미생물을 없앨 방법을 연구했어요. 파스퇴르가 알아낸 방법은 저온 살균법이었어요. 저온 살균법은 미생물이 생기지 않도록 60℃의 낮은 온도에서 열을 가하여 살균하는 방법이었지요.

파스퇴르가 개발한 저온 살균법은 프랑스에서 포도주 산업이 번창할 수 있도록 많은 도움을 주었답니다. 저온 살균법을 연구하면서 파스퇴르는 미생물이 일으키는 전염병에 대해서도 깊은 관심을 갖게 되었지요.

1880년, 프랑스에는 닭 콜레라가 곳곳에 퍼졌어요. 닭이 콜레

라에 걸리면 한 마리만 죽는 것이 아니라 농장에 있는 모든 닭이 죽고 말았답니다.

파스퇴르는 닭 콜레라의 원인균을 찾기 위해 연구했지요.

'콜레라에 걸린 닭에서 피를 뽑아 콜레라를 배양해 보자.'

치료법을 찾기 위해 파스퇴르는 닭 콜레라를 배양했어요. 그리고 많은 실험을 하기 위해서 조수에게 대량으로 콜레라균을 배양해 달라고 부탁했지요. 그런데 조수가 휴가를 떠나면서 깜박하고 배양균을 몇 주나 그냥 놓아 둔 거예요.

연구실로 돌아와 보니 영양분이 떨어진 배양액에서 자란 세균들의 독성이 약해져 있었어요. 파스퇴르는 독성이 약해진 배양균을 건강한 닭에게 접종하고 상태를 지켜봤어요. 놀랍게도

닭은 조금 앓다가 금방 나아서 멀쩡하게 돌아다녔어요.

'흠, 이제 실마리를 찾은 것 같군.'

파스퇴르는 다시 닭 콜레라균을 구해 약해진 균을 접종했던 닭과 일반 닭에게 주사했어요. 그러자 일반 닭은 닭 콜레라에 걸렸고, 약해진 균을 접종했던 닭은 활기차게 돌아다녔어요.

"약해진 세균으로 병을 가볍게 앓고 나면 그 병에 대한 면역력이 생기는구나!"

파스퇴르는 약하게 만든 세균을 '백신'이라 이름 붙였어요. 그런 뒤 닭 콜레라 백신을 만들어 닭을 키우는 농민들의 시름을 덜어 주었지요.

이후 파스퇴르는 탄저병에 눈을 돌렸어요. 탄저병은 프랑스 농가를 휩쓸어 소와 말, 양 등의 가축들을 죽음으로 내몬 무서운 병이었어요. 일단 탄저병이 돌면 열이 나고 호흡 곤란으로 목숨을 잃게 돼요. 파스퇴르는 닭 콜레라 백신을 만든 방법을 적용해 탄저병을 예방하는 백신을 만들었어요.

"광견병 백신도 만들 수 있을까?"

파스퇴르의 실험은 계속되었어요. 당시에는 광견병에 걸린 개가 사람을 물면 바이러스가 침투해서 목숨을 잃는 경우가 많았어요. 문제는 광견병의 병원체가 세균이 아니라 바이러스였다는 거예요.

바이러스는 세균보다 훨씬 더 크기가 작아요. 파스퇴르는 현미경으로도 보이지 않던 바이러스와 싸워야 했어요. 배양도 힘들었지요. 결국 파스퇴르는 보통의 배양액이 아니라 토끼의 척수를 이용해 독성이 약해진 백신을 만들 수 있었답니다.

파스퇴르의 백신 발견은 오늘날 우리가 주사로 맞는 백신의 시초가 되었어요. 그동안 손쓸 수 없었던 감염병을 미리 예방할 수 있는 길을 열어 준 역할을 한 것이었지요.

73세로 세상을 떠날 때까지 파스퇴르는 병원균을 찾아내고 예방 백신을 만드는 데 힘을 쏟았어요. 수많은 생명을 구한 파스퇴르는 지금까지 프랑스 국민의 영웅으로 사랑받고 있답니다.

부록

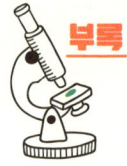

루이 파스퇴르의 백조목 플라스크 실험

옛날 사람들은 물웅덩이나 음식 쓰레기 등에서 세균이나 미생물 같은 생명체가 자연스레 생긴다고 생각했어요. 이러한 생각을 '자연 발생설'이라고 해요.

"과연 그럴까?"

파스퇴르는 자연 발생설이 정말 맞는 생각인지 알고 싶었어요. 그래서 한 가지 실험을 해 보았어요. 우선 외부에서 미생물이 들어올 수 없는 플라스크를 만드는 게 중요했어요.

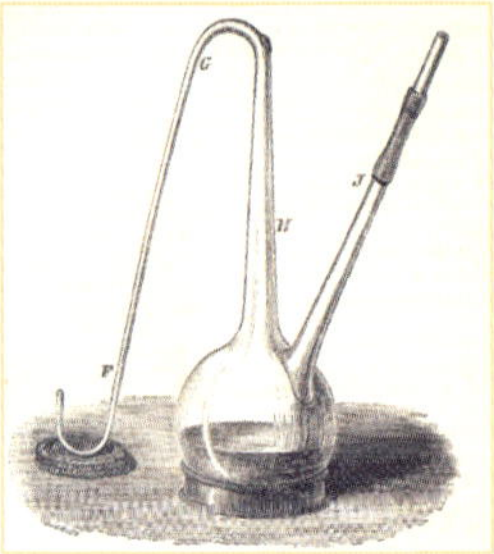

파스퇴르의 백조목 플라스크

파스퇴르는 플라스크에 고기 국물을 넣은 뒤 입구에 열을 가하여 S자 모양으로 만들었지요. 마치 백조의 가는 목처럼요. 이렇게 만든 플라스크를 불로 가열하여 살균을 했는데, 이때 생긴 수증기가 S자 입구에 걸려 바깥에서 미생물이 들어가지 못하게 막았어요.

루이 파스퇴르

파스퇴르는 플라스크 안에 있던 고기 국물의 상태를 지켜보았어요. 시간이 지나도 고기 국물은 상하지 않았답니다.

"중요한 건 바깥에서 미생물이 들어갈 수 있느냐 하는 거였어."

그래서 이번에는 백조목 플라스크를 깨서 바깥에 놔두어 보았어요. 파스퇴르의 예상대로 고기 국물은 색깔이 변했어요. 공기 중에 떠다니던 미생물이 고기 국물을 상하게 한 것이었지요.

이 실험을 통해서 파스퇴르는 저온 살균법을 개발했어요. 저온 살균법이란 우유나 치즈, 와인과 같은 음식을 짧은 시간 동안 낮은 온도에서 가열하여 그 안에 있는 미생물을 죽이는 방법이에요. 이 살균법으로 음식이 상하지 않게 잘 보존할 수 있었답니다.

6 나병균을 최초로 발견한
게하르트 한센

출생~사망 1841~1912년
나라 노르웨이
업적 나병균 발견

"옆집 아이 몸 보았나? 온몸이 두꺼비 등짝처럼 되어 버렸지 뭐야."

"쯧쯧, 문둥병에 걸린 모양이로군."

"어휴, 어쩌다 그런 끔찍한 병에 걸렸나 몰라."

옛날에는 나균 때문에 걸린 병이라고 하여 '문둥병' 또는 '나병'이라고 불린 병이 있었어요. 천연두와 마찬가지로 나병은 얼굴이나 온몸에 심한 흉터를 남기는 병이었지요. 심하면 손가락과 발가락이 썩어 떨어져 나가기도 했지요.

나병에 걸린 환자를 보면 사람들은 혹시라도 전염이 될까 봐 두려움에 떨었어요. 그래서 나병 환자가 거리에 나타나면 모두

들 멀리 피해 달아나거나 불쾌해하며 쫓아내기 바빴지요.

"가까이 오지 마! 병이 옮으면 어쩌려고 그래?"

"얼른 이 마을을 떠나 버려!"

옛날부터 나병 환자들은 가족과 마을 사람들에게 버림을 받거나 미움을 받기 일쑤였지요. 8세기에 카를링거 왕조의 2대 왕인 샤를마뉴 황제는 나병 환자들에게 시민권을 빼앗고 자유롭게 돌아다니지 못하도록 명령을 내렸을 정도예요. 물론 나병 환

자들이 나을 수 있도록 따로 장소를 정해 돌보도록 했지만요.

나병은 꽤 오랜 시간 사람들을 괴롭혔어요. 중세 시대부터 시작하여 20세기에 접어들 무렵까지 별다른 치료법이 없었어요. 그저 나병 환자들을 마을에서 쫓아내어 수용소 같은 시설에 몰아넣고 지내게 할 수밖에 없었지요.

또 집안사람 중에 나병 환자가 있으면 유전되는 병이 아닌지

공포에 떨었고, 마을에서 멀리 쫓겨날까 봐 일부러 병을 숨기기도 했어요.

노르웨이 출신 의사였던 게하르트 한센은 긴 시간 동안 사람들을 괴롭히는 나병이 어떤 병인지 궁금했어요. 크리스티아니아 대학에서 의학을 공부한 한센은 1868년부터 나병 요양소에서 의사로 일하며 본격적으로 나병을 연구했지요.

1871년, 어느 날 한센은 환자의 상처에서 채취한 균을 현미경으로 관찰했어요.

"나병균이 막대 모양을 하고 있군."

현미경으로 나병균의 모양을 처음으로 관찰하게 된 한센은 다른 나병 환자에게서도 병원균을 채취해 다시 관찰해 보았어요. 막대 모양의 나병균은 모든 환자에게서 발견되었지요. 한센은 이 병원균을 '미코박테리움 레프레'라고 이름 지었답니다.

1879년, 한센은 이 병원균 샘플을 알베르트 네이서에게 전해 주었어요. 임질균을 발견한 네이서는 한센이 준 병원균이 나병의 원인이라는 것을 확인했답니다.

게하르트 한센

"미코박테리움 레프레가 나병과 연관이 있다는 것은 확실합니다."

문제는 네이서가 한센의 이름은 쏙 빼고 자기의 업적처럼 발표를 했다는 거예요. 한센은 몹시 화를 내며 자신의 연구 과정을 정리해 논문으로 발표했어요. 당연히 나병 학회에서는 한센을 인정해 주었지요.

한센은 치료법을 알아내지는 못했지만 나병이 유전이 아니라 피부 접촉에 의해 전염된다는 사실을 알아냈어요. 그리고 전염성이 낮다는 것도요. 그 후부터 병원에서는 나병 환자를 격리시키고 소독을 철저히 하는 등 새로운 치료 방법을 실시했지요. 나병을 '한센병'이라고 하는 것은 나병균을 처음 발견한 게하르트 한센의 이름에서 유래한 것이에요.

부록

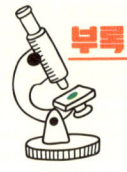

한센병 환자들을 돌본 다미앵 신부

모두가 외면하고 버린 한센병 환자들을 돌본 따뜻한 사람들이 있어요. 그 가운데서도 손꼽힐 만한 사람이 있었어요. 바로 벨기에 출신의 다미앵 신부랍니다. 다미앵 신부는 하와이에서 평생 동안 한센병 환자들을 돌보며 살았어요.

1863년, 하와이에 도착해서 바로 가톨릭 신부 서품을 받은 다미앵 신부는 1873년부터 한센병 환자를 위한 칼라와오 정착촌으로 들어가 한센병 환자들과 함께 생활하였지요. 이 정착촌은 몰로카이 섬 북쪽 해변에 있는데, 섬의 다른 곳과 아주 멀리 떨어져 있었어요. 한센병이 전염성이 있다고 알려진 뒤부터는 한센병 환자들을 사람들이 없는 드문 곳에 격리해 놓았거든요.

다미앵 신부는 집 없는 사람들에게는 집을 지어 주고, 손가락이 떨어져 나간 환자들에게는 그들의 손이 되어 고름을 짜고 상처를 싸매 주었어요. 처음에 나병 환자들은 건강한 다미앵 신부를 경계하고 마음을 열지 않았어요. 그래서 다미앵 신부는 이런 기도까지 했다고 해요.

"하느님, 저에게도 나병을 허락하시어 저 사람들의 마음을 열게 하옵소서."

오늘날에도 다미앵 신부가 지냈던 정착촌에 가려면 산길에 놓인 좁은 철길을 따라 기차를 타거나 걸어가야 해요. 이런 곳에서 다미앵 신부는 한센병 환자를 돌보는 일에 한평생 몸을 바쳐 일했지요. 그러다가 1884년에는 자신도 한센병에 걸리고 말았답니다. 다미앵 신부는 병에 걸렸어도 환자들을 떠나지 않고 마지막까지 환자들을 돌보았답니다.

다미앵 신부

7

세균학의 아버지

로베르트 코흐

출생~사망 1843~1910년

나라 독일

업적 결핵균, 탄저균, 콜레라균 발견

코흐는 독일의 조용한 시골 마을 의사였어요. 원래 코흐의 성격은 탐험심이 강하고 호기심이 많았지요.

"세계 곳곳을 돌아다니며 탐험을 하면 얼마나 좋을까? 새로운 것들도 보고 새로운 것을 연구할 수도 있을 텐데……."

이런 코흐의 바람과는 달리 코흐의 아내는 도시에 나가는 것을 싫어했어요. 시골 마을에서 조용히 살길 바랐답니다. 아내를 몹시 사랑했던 코흐는 아내의 뜻에 따라 시골에서 의사 생활을 하게 되었지요. 대신 일이 끝나면 탐험에 관한 책을 읽으며 여러 나라를 돌아다니는 상상을 하곤 했어요.

그러던 어느 날이었어요. 아내가 코흐에게 실머시 비소를 지으며 선물 상자 하나를 건넸어요.

"여보, 생일 축하해요."

"아니, 이건 현미경이잖소?"

"당신이 시골 생활을 따분해하는 것 같아서요. 현미경으로 보이지 않은 세계까지 여행해 보는 건 어때요?"

코흐는 현미경을 선물로 받자 마음이 들뜨기 시작했어요. 현미경으로 다양한 모양의 미생물을 관찰할 때면 미지의 세계를 탐험하는 것 같았거든요.

"가만 보자, 이건 뭐지?"

코흐가 현미경으로 맨 처음 발견했던 것은 탄저균이었어요. 탄저병은 농촌에서 가축뿐만 아니라 사람들의 목숨까지 앗아가는 무서운 병이었어요. 호흡기 쪽으로 감염이 됐을 때는 호흡곤란으로 손쓸 새도 없이 숨을 거두곤 했어요.

탄저균은 다른 균에 비해 비교적 크기가 컸기 때문에 쉽게 코흐의 눈에 띄었지요.

"이 녀석들은 포자를 만드는 성질이 있구나. 그래서 탄저병이 쉽게 사라지지 않는 거였어."

코흐는 탄저균이 포자를 만들어 끈질기게 살아남는다는 것

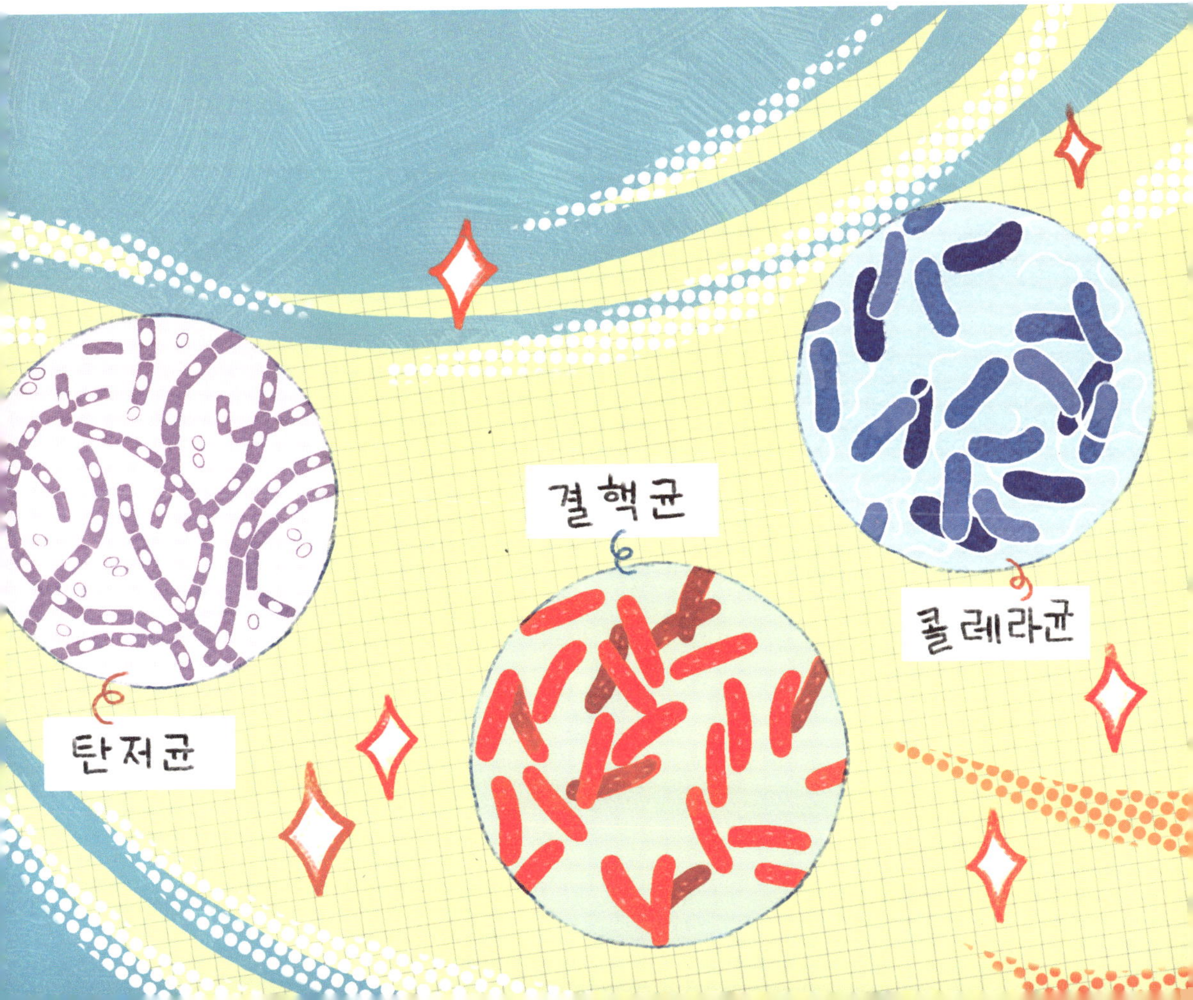

을 알았어요. 그리고 병에 걸린 동물이나 사람이 아니라 탄저병으로 죽은 동물이 썩을 때 탄저균 포자가 공기 중에 퍼져 나가면서 전염이 된다는 사실을 알았어요. 그렇기 때문에 탄저병으로 죽은 동물은 태우거나 땅속 깊이 묻어야 한다고 주장했지요. 코흐의 연구 덕분에 농촌에서 널리 퍼졌던 탄저병은 점차 잠잠해졌답니다.

이후 탄저균으로 명성을 얻은 코흐가 찾고 싶었던 균은 결핵균이었어요. 코흐가 살았던 시대에는 산업 혁명으로 곳곳이 도시로 변해 가고 있었어요. 도시가 생기면서 사람들이 곳곳에서 몰려들었고 그에 따라 새로운 병원균들도 득실거렸지요. 이때 유행했던 병이 결핵이었어요.

결핵은 결핵균에 감염되어 걸리는 병이에요. 몸의 어느 부분에나 생길 수 있지만, 보통 결핵이라고 하면 폐에 나타나는 폐결핵을 말해요. 결핵에 걸리면 열이 나고 식욕이 떨어지며 체중이 줄어요. 또 마른기침을 심하게 하다가 피를 토하기도 하지요. 결핵균은 결핵 환자가 기침을 할 때 밖으로 나와서 공기 중을 떠돌다가 다른 사람의 폐 속으로 들어가 전염을 시켰기 때문에 사람들이 몰려드는 도시에서 유행하기 쉬운 병이었어요.

당시에 결핵은 효과적인 치료법이나 예방법이 없었어요. 그렇기 때문에 환자들은 공기 좋은 곳에서 요양을 하며 쉬는 것이 전부였지요. 하지만 이마저도 부자들만 할 수 있는 일이었어요. 불결한 환경에서 지내고 먹을 음식도 부족한 가난한 사람들에게 결핵은 더욱 무서운 병이었지요.

"찾았다! 바로 네 녀석이었어!"

1882년 3월 24일, 드디어 코흐는 결핵의 원인균을 찾아냈어요. 결핵을 일으키는 특정 병원균이 있다는 사실을 밝혀낸 덕분에 사람들은 질병 치료에 희망을 갖게 되었어요.

이후 코흐는 1884년에 콜레라균까지 발견하면서 '세균학의 아버지'라고 불리게 되었답니다. 1905년에 코흐는 결핵균을 발견한 공로로 노벨 생리학상을 받는 명예까지 얻었어요.

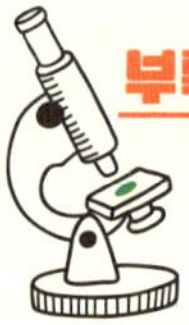

부록

코흐의 4원칙이란 뭘까?

막대기처럼 생긴 세균을 '간균'이라고 해요. 로베르트 코흐가 발견한 탄저균도 간균의 일종이죠. 코흐는 막대기처럼 생긴 이 미생물이 탄저병을 일으키는 세균이라는 것을 어떻게 확인할 수 있었을까요? 코흐는 자신이 발견한 것을 증명하기 위해 몇 가지 원칙을 세웠어요.

첫째, 병원균이 동일한 질병을 앓고 있는 환자나 동물에게서 모두 발견되어야 한다는 것이에요.

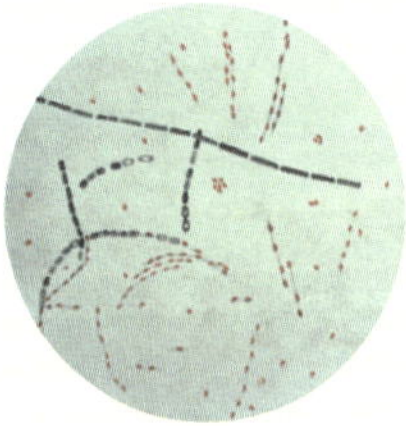

탄저균

둘째, 발견된 병원균이 질병을 앓고 있는 환자나 동물에게서 분리되어 순수하게 배양되어야 해요.

셋째, 배양한 병원균을 실험동물에게 접종했을 때 반드시 동일한 질병을 일으켜야 해요.

넷째, 실험동물에게서 분리 배양된 병원균이 처음에 감염된 숙주로부터 분리 배양된 병원균과 동일해야 해요.

로베르트 코흐

이것이 바로 세균학의 기본인 '코흐의 4원칙'이지요.

코흐는 소의 눈알에서 액체를 뽑아 배양액을 만들고 두꺼운 유리판에 홈을 파서 넣은 뒤 탄저병으로 죽은 흰쥐의 비장을 잘라 집어넣었어요. 그러고는 얇은 유리를 덮고 가장자리에 바셀린을 발라 밀봉했지요. 유리판 속에서 탄저균은 빠른 속도로 증식했고, 이렇게 배양한 탄저균을 흰쥐, 기니피그, 토끼, 양에게 주입했더니 모두 탄저병에 걸려 죽었어요. 실험동물들의 몸에서는 흰쥐의 몸에서 발견된 것과 같은 탄저균이 발견되었어요.

이렇게 코흐의 4원칙은 세균학 연구의 기본 바탕으로 자리매김하였답니다.

8 황열병 물렀거라!

군의관 월터 리드

출생~사망 1851~1902년

나라 미국

업적 황열병 퇴치

황열병은 모기가 바이러스를 옮기면서 걸리는 전염병이에요. 이 병에 걸리면 얼굴이 노랗게 되고 열이 나서 황열병이라는 이름이 붙었답니다.

사람들은 17세기에 노예 상인들이 배로 아프리카 대륙에 있는 사람들을 실어 오면서 황열병 모기와 바이러스도 함께 실어 왔다고 추측하고 있어요. 그전까지 아프리카 지역의 풍토병이었던 황열병이 동아프리카에서 서아프리카로 이동했다가 남아메리카로 넘어가 나중에는 북아메리카까지 번졌으니까요.

"흐흐, 이번에는 꽤 두둑하겠는걸."

노예 상인들은 돈을 벌겠다는 생각뿐이었지 그로 인해 무슨 일이 벌어질지는 깊이 생각하지 못했던 게 틀림없어요.

황열병은 황열 바이러스가 주로 간과 콩팥을 침범해서 생기는 전염병이었어요. 높은 열이 나고 토할 때 검은 피가 섞여 나왔고 황달을 일으켰는데, 이 때문에 죽는 사람도 많았어요.

1793년에는 황열병이 당시 미국의 수도였던 필라델피아에 퍼져 도시 전체를 두려움에 떨게 했어요. 가족 가운데 황열병에

걸린 사람이 있으면 환자를 내버려두고 집을 떠나는 사람들이 많았어요.

가족을 버리고 떠나는 마음이 어땠을지 생각해 보세요. 차마 발이 떨어지지 않았을 거예요.

이후 약 30년간 황열병이 곳곳에 퍼지면서 필라델피아 전체 인구의 10분의 1이 목숨을 잃고 말았어요.

황열병은 이후에도 끈질기게 사람들을 위협했어요. 1898년에 미국은 땅을 넓히기 위해 스페인과 전쟁을 하고 있었어요. 당시 스페인의 식민지였던 쿠바와 필리핀에서도 전투를 벌였지요. 그런데 싸움에서 죽는 군인보다 황열병에 걸려 죽는 군인의 수가 더 많았답니다. 쿠바에서 싸운 미군은 약 3,000명의 희생자를 냈는데, 그중 실제 전투에서 사망한 사람은 고작 400명뿐이었어요. 나머지 2,600명은 병사하였는데, 그중 2,000명은 황열병 때문에 죽었다고 해요.

당시 군의관으로 일했던 월터 리드는 황열병으로 죽는 군인들 때문에 고민이 이만저만이 아니었답니다.

"도대체 무엇 때문에 군인들이 이렇게 죽는 것일까……."

월터 리드는 밤을 새워 가며 황열병에 관한 연구를 시작하였어요. 그러던 중 쿠바의 의사였던 카를로스 핀레이의 주장이 리드의 눈에 띄었어요.

"황열병은 모기가 옮기는 것입니다!"

그러나 핀레이의 주장은 사람들에게 받아들여지지 않았어요. 실험을 통해서 얻어진 주장이 아니었기 때문이지요. 하지만 리드는 황열병 연구를 하면서 핀레이의 생각이 타당하다고 생각했어요. 황열병에 걸린 병사들이 모기가 많은 늪지를 자주 돌아다녔다는 것을 알았거든요.

'어쩌면 황열병도 모기에 의해서 옮겨지는 것은 아닐까?'

리드는 황열병 연구를 위해 여러 가지 실험을 해 보았어요. 실험 대상이 된 사람들은 이전에 황열병에 걸린 적이 없는 사람들이었지요. 리드는 이 사람들에게 일어날 수 있는 위험성에 대해서 잘 설명했어요. 그리고 직접 모기에 물려 위험한 상황에 처하는 일에 보상을 충분히 해 주기로 했어요. 그 결과 리드는 1900년에 황열병의 병원체는 바이러스이며, 모기가 황열 바이러스를 옮긴다는 사실을 알아냈답니다.

이후 리드는 사람들에게 모기가 살 만한 장소인 물웅덩이나 연못에 기름 막을 입히도록 했어요. 사람들이 모인 숙소에는 그물망을 설치하고 물이 고이지 않게 배수로를 만들었지요.

또 모기 유충인 장구벌레가 살 수 없도록 제초제와 살충제를 뿌렸답니다. 그리고 군인들에게는 물통을 가지고 다니지 못하게 했어요. 단순한 방법이었지만 모기가 살아남을 수 없도록 한 것이지요. 이와 같은 방법으로 황열병 환자의 수를 크게 줄일 수 있었답니다.

부록

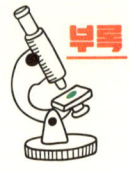

월터 리드가 지은 두 채의 오두막

월터 리드는 황열병 실험을 하기 위해 두 채의 오두막을 지었어요. 한 채는 환기가 잘 안 되고, 바깥에서 모기가 들어오지 못하게 만들었어요. 그리고 황열병 환자가 사용하던 옷이나 이불을 집 안에 두었지요. 황열병 환자의 몸에서 나온 독소 때문에 오염이 되는지 알아보기 위해서였어요.

월터 리드가 지은 오두막

다른 오두막에는 환기가 잘 되게 하고 소독을 철저히 해 두었어요. 그러나 여기에는 황열병을 옮길 수 있는 모기 열다섯 마리를 넣어 두었답니다.

월터 리드

이렇게 두 채의 오두막에서 실험자들은 20일 동안 지내야 했어요. 첫 번째 오두막에서는 환자와 건강한 사람들이 함께 자고, 함께 음식을 먹어도 황열병은 전염되지 않았지요.

그러나 모기를 풀어놓은 오두막에서 황열병 환자들과 함께 지냈던 사람들은 바로 황열병에 걸리고 말았답니다.

이 실험을 통해 리드는 황열병이 사람에서 사람으로 전염되지 않고 바이러스를 갖고 있는 모기에 의해서 전염된다는 사실을 밝혀냈어요.

리드는 황열병 연구 결과를 1901년에 논문으로 발표해 유명해졌어요. 하지만 안타깝게도 다음 해인 1902년 만성 맹장염으로 그만 세상을 떠나고 말았답니다.

9 '바이러스'라는 이름을 최초로 사용한 마르티누스 베이에링크

출생~사망 1851~1931년
나라 네덜란드
업적 바이러스 발견

바이러스의 발견을 말할 때 빼놓을 수 없는 게 바로 담배예요. 담배는 아메리카 대륙에서 유럽으로 건너왔답니다. 담배는 유럽으로 들어오자 많은 사람들에게 인기 있는 기호 식품이 되었어요. 유럽의 경제가 활발해지는 데도 큰 영향을 끼쳤지요. 그래서 유럽에 있는 농가에서는 담배를 많이 심어 키웠어요.

그런데 19세기 말이 되자 유럽의 담배 농가에 먹구름이 드리우기 시작했어요.

"담뱃잎이 점점 오그라들며 말라 죽고 있어!"

"이것 봐! 담뱃잎에 모자이크 모양의 반점이 생겼다고!"

"올해 담배 농사도 망쳤군."

농부들이 시름시름 말라 죽는 담뱃잎을 보며 낙심했어요. 병이 든 담뱃잎은 담배 생산에 큰 영향을 끼쳤어요. 이러한 이유로 유럽의 많은 과학자들이 담뱃잎에 생긴 병이 무엇인지 알아내려고 했어요.

처음 담뱃잎에 생기는 병을 '담배 모자이크병'이라고 이름 지은 사람은 아돌프 마이어라는 독일 과학자였어요. 당시 마이어는 네덜란드 농업 시험소 소장으로 일하고 있었어요. 1879년에

마이어는 모자이크병이 다른 식물로도 옮길 수 있다는 사실을 발견했어요. 그리고 병의 원인이 세균 때문이라고 생각했지요.

이후 러시아의 생물학자인 드미트리 이바노프스키가 세균 여

과기를 이용해 담뱃잎의 세균을 걸러 보려고 했어요.

"담뱃잎의 즙을 여과기에 거르면 세균이 걸러지지 않을까?"

이바노프스키는 실험을 하였지만 안타깝게도 세균은 걸러지지 않았어요. 병원균이 여과기를 통과할 만큼 작았던 거죠. 결국 병을 일으키는 물질이 무엇인지 알아낼 수 없었어요. 그저 세균이 만들어 낸 독성 때문에 병을 일으키는 것이라고 결론을 내렸지요.

그러고는 몇 년이 지났어요. 네덜란드의 과학자 마르티누스 베이에링크의 아버지는 담배 상인이었어요. 베이에링크의 아버

지도 담배 모자이크병으로 크게 손해를 보고 상심했어요.

"이거야, 원! 원인을 알아야 치료도 할 수 있지."

베이에링크는 아버지가 담배 모자이크병으로 사업을 망친 것을 안타깝게 여겼어요. 그래서 몇 년 전 이바노프스키가 한 담배 모자이크병 실험에 흥미를 느끼고 자세히 살펴보았어요. 그러던 중 베이에링크는 이바노프스키의 생각에 한 가지 의심이 생겼어요.

'세균 여과기에도 걸러지지 않았다면, 세균보다 더 작은 물질 때문에 병에 걸린 것은 아닐까?'

베이에링크는 이바노프스키가 실험한 방법과 똑같이 해 보기로 했어요. 감염된 담뱃잎 즙을 여과기로 걸러 내어 건강한 담뱃잎에 발라 보았지요. 예상했던 대로 담뱃잎은 모자이크병에 걸리고 말았답니다.

베이에링크는 자신의 생각을 증명해 보이기 위해 감염된 담배잎사귀로부터 즙을 내어 다양하게 희석하고 다시 건강한 담배에 바르는 실험을 계속 반복했어요.

베이에링크는 확신을 할 수밖에 없었어요.

"우아, 세균보다 더 작은 물질이 있다니!"

베이에링크는 이 작은 물질을 '액상 전염 물질'이라고 불렀어요. 이 전염 물질이 담뱃잎에서 널리 퍼져 나간다는 사실을 밝혀냈지요. 담뱃잎에 전염 물질을 바르고 3개월 동안 내버려 두어도 모자이크병은 사라지지 않았어요.

베이에링크는 담뱃잎의 모자이크병이 세균 때문에 시드는 것이 아니라 어떤 전염성 액상 물질 때문이라고 결론을 내렸는데, 오늘날 '액상 전염 물질'이 '바이러스'라는 말로 바뀌었답니다.

베이에링크의 연구 덕분에 이후 바이러스에 대한 연구는 활발하게 진행되었어요. 그로 인해 사람들은 두창, 감기, 홍역, 소아마비 같은 병의 원인이 바이러스라는 것도 알게 되었답니다.

부록

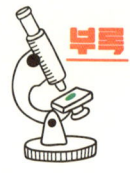

가르치는 일보다는 연구가 좋아

마르티누스 베이에링크는 1851년 3월 16일 독일 암스테르담에서 태어났어요. 베이에링크는 집안 형편이 가난해서 주로 집에서 아버지에게 교육을 받았고, 열두 살이 되어 처음으로 학교를 다니게 되었어요. 늦게 학교에 들어가 다른 아이들보다 뒤처진 탓에 베이에링크는 누구보다 열심히 공부를 했고, 반에서 성적도 늘 좋은 편이었답니다.

베이에링크는 삼촌 덕분에 델프트 폴리텍 기술학교에 진학해 화학을 전공했고, 이후 레이덴 대학교에서 박사 학위를 받은 뒤 학생들을 가르쳤어요.

하지만 조용하고 내성적인 성격의 베이에링크는 가르치는 일보다는 연구에 몰두할 수 있는 일을 하고 싶었어요. 그래서 학교를 그만두고 네덜란드 이스트 및 알코올 제조 공장에서 연구를 하게 되었지요. 이후 네덜란드 정부는 베이에링크의 능력을 알아보고 델프트 폴리텍 기술학교에서 평생 연구에 집중할 수 있게 특별한 자리를 마련해 주었어요.

마르티누스 베이에링크

처음 베이에링크가 한 연구는 식물이 병균에 감염된 원인을 밝히는 것이었어요. 그러다가 바이러스라는 놀라운 발견을 하게 되었지요. 미생물학자이자 식물학자로서 바이러스의 특성을 처음 정의한 베이에링크는 국제적 명성을 얻으며, 1905년 네덜란드 왕립 과학원으로부터 메달을 수여받기도 했어요.

10 호랑이보다 무서운 마마 귀신을 물리친 지석영

출생~사망 1855~1935년
나라 대한민국(조선)
업적 종두법 퇴치

예방 주사도 없고 제대로 된 약도 없었던 시절, 옛날 사람들은 천연두를 '손님' 또는 '마마'라고 부르기도 했어요. 중국에서 마마 귀신이 찾아왔기 때문에 천연두에 걸린 것이라 여겼기 때문이지요. 하지만 천연두는 절대 반가운 손님이 아니었어요.

"이를 어쩌면 좋아요. 며칠 전부터 열이 나더니 갑자기 얼굴에 붉은 발진이 생겼어요!"

"어이구머니, 손님이 찾아왔나 보네. 다른 자식들한테 옮을 수도 있으니 다른 방에서 재워야 해요."

조선 시대에도 많은 어린아이들이 천연두로 목숨을 잃었어요. 지석영의 조카딸도 천연두에 걸려 죽고 말았지요.

'아직 살날이 많은 아이들이 이렇게 허무하게 세상을 떠나다니…….'

당시 조선에서는 천연두에 걸려도 치료 방법을 몰라 죽는 아이들이 많았어요. 끙끙 앓다 보름을 못 넘기고 숨을 거두곤 했지요. 살아남는다 해도 온 얼굴에 일어났던 물집에 고름이 차고 딱지가 되어 울퉁불퉁한 흉터를 남겼어요.

이를 안타깝게 여긴 지석영은 천연두 치료법을 자신이 꼭 찾

아내겠다고 결심했어요.

1876년, 지석영은 일본에 수신사로 다녀온 박영선에게 일본 의사가 쓴 《종두 귀감》이라는 책을 얻었어요. 책을 읽고 난 뒤 지석영은 천연두를 예방하는 종두법을 직접 배우고 싶어졌어요. 그러던 차에 부산에 있는 병원에서 일본인이 종두법으로 천연두를 치료한다는 소식이 들렸어요.

"이건 하늘이 내게 주신 기회야."

지석영은 직접 부산까지 가서 종두법을 배우기로 결심했어요. 하지만 당시 너무나 가난했던 지석영은 부산까지 갈 차비조차 없었지요. 그래서 스무 날 동안 꼬박 걸어 부산에 도착했어요.

일본어가 서툰 지석영은 무작정 "나는 종두법을 아는 일본 의사를 만나러 왔습니다."라고 일본어로 쓴 종이를 들고 부산

지석영

거리를 헤맸답니다.

"나를 만나러 왔단 말이오?"

다행히 지석영은 일본인 의사를 만나게 되었어요. 일본인 의사는 지석영의 이야기를 듣고 그 열정에 감동하여 '종두법'을 알려 주었답니다.

'종두'란 우두를 몸에 심는다는 뜻이에요. 우두 바이러스를 몸에 넣어 천연두를 치료하는 것이지요.

종두법을 익힌 지석영은 하루빨리 천연두로부터 어린 생명들을 지켜 내고 싶었어요. 그래서 서울로 올라오는 길에 처가에 들렀지요.

"가족에게 먼저 실험을 해 봐야 할 것 같소."

지석영은 처남에게 우두균을 넣겠다고 말했어요.

"네? 동생 몸에 우두균을 넣겠다고요?"

아내가 깜짝 놀라며 물었어요.

"그래야지만 다른 사람들도 마음 놓고 예방 시술을 받을 수 있지 않겠소?"

지석영은 아내의 남동생인 어린 처남에게 우두 바이러스를 접종해 보기로 했어요. 가족들은 지석영의 시술이 잘못될까 봐 마음이 조마조마했지만 지석영을 믿고 지켜보기로 했어요.

결과는 성공적이었어요. 우두균을 몸에 접종했는데도 처남은 살짝 아프다 말았어요.

"우리 아이에게도 시술해 주세요."

지석영의 시술이 성공하자 사람들이 점점 더 많이 찾아왔어요. 우두균만 접종하면 천연두에 걸리지 않는다니 부모들이 너도나도 아이를 데려왔지요. 지석영은 그곳에서 마흔 명의 사람들에게 종두법을 실시했어요. 이것이 우리나라 최초의 종두 접종이었어요.

지석영은 종두법 접종에 자신감이 생겼답니다. 그래서 종두장을 만들어 더 많은 사람들이 미리 접종을 받을 수 있게 했어요. 지석영 덕분에 드디어 우리나라에서도 천연두를 물리칠 수 있었답니다.

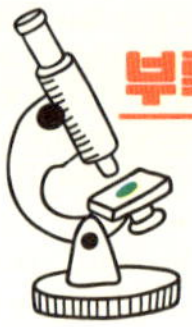

부록

조선 시대 종두법, 먼저 알았던 사람, 나야 나!

조선 시대에 지석영보다 먼저 천연두와 싸운 사람이 있었어요. 바로 조선 후기 실학자인 다산 정약용이랍니다. 실학자가 뭐 하는 사람이냐고요? 바로 사람들에게 쓸모가 있는 학문을 연구하는 사람이에요.

실학자들은 사람들을 치료하는 의학에도 관심이 많았어요. 정약용이 살았던 시대에도 '두창(천연두)'이라는 전염병이 유행했어요. 실제로 정약용도 두창을 앓았지요. 정약용은 다행히 치료가 잘되어 나을 수 있었지만, 오른쪽 눈썹에 세 갈래로 나뉘는 흉터가 생겼대요. 이 때문에 정약용은 자신이 앓았던 병에 큰 관심이 생겼어요.

이미 영국에서는 '제너'라는 사람이 우두를 이용한 종두법을 처음으로 시술했어요. 이후 제너의 종두법은 청나라에서 책으로까지 소개되었지요.

이 책을 통해 정약용은 우두를 이용한 두창 예방법을 알게 되었답니다.

1798년, 정약용은 《마과회통》이라는 책을 썼어요. 이 책에 두창 환자의 몸에서 균을 가져와 치료하는 종두법은 물론, 땀을 일부러 내게 한 뒤 설사로 균이 나오게 하는 치료법까지 소개했어요.

정약용

11

말라리아 꼼짝 마! 모기 사냥꾼 로널드 로스

출생~사망 1857~1932년

나라 영국

업적 말라리아 병원균 발견

"웨에에에엥, 웨에에에엥!"

말라리아는 얼룩날개모기의 암컷에 의해 옮겨지는 병이에요. 말라리아에 걸리면 열이 나고 머리가 아프면서 먹은 것을 토하게 되지요. 증상이 심해지면 눈앞이 잘 보이지 않을 정도로 의식이 혼미해지고 얼굴이 노랗게 변하면서 결국 죽음에 이르게 되어요.

말라리아는 꽤 오랫동안 사람들을 괴롭혀 왔어요. 정복자인 알렉산더 대왕이나 교황인 다마소 2세, 마더 테레사 등도 말라리아에 걸려 목숨을 잃었을 정도예요.

과학자들 중에는 약 2,000만 년 전부터 말라리아가 있었다고 주장하는 사람들이 있어요. 지금도 전 세계적으로 해마다 2억 5000만 명 이상의 사람들이 말라리아에 걸리고 있어요.

그런데 말라리아가 모기 때문에 병이 옮겨진다는 사실이 알려지게 된 것은 그리 오래되지 않았어요. 말라리아는 이탈리아어로 '나쁜 공기'라는 뜻인데, 말 그대로 나쁜 공기 때문에 사람들이 전염병에 걸린다고 생각했으니까요.

말라리아가 모기의 기생충에 의해 전염된다는 사실을 밝혀낸

사람은 바로 영국인 로널드 로스였답니다.

19세기 말 영국은 인도를 지배하기 위해 군대를 보내려고 했어요. 하지만 영국군이 가장 두려워한 게 있었어요. 바로 말라리아였지요.

당시 인도에 주둔하고 있는 영국군 병사 17만 8천 명 중 7만 6천 명이 말라리아에 시달리고 있었거든요. 인도 사람들은 말라리아를 천벌로 여길 정도로 두려워했어요.

로널드 로스는 당시 인도에 주둔 중인 영국군의 군의관으로 일하고 있었어요. 로스는 1894년에 런던을 방문했을 때 '열대 의학의 아버지'인 패트릭 맨슨을 만났어요. 맨슨은 인간에게 질병을 일으키는 기생충이 모기를 통해 옮겨 갈 수 있다는 것을 증명한 사람이었어요.

로스는 프랑스의 의사 샤를 라브랑의 연구에도 관심을 갖고 있었는데, 라브랑은 알제리에서 일하던 중 말라리아의 원인이 단세포의 미생물인 원생동물이라는 것을 발견했어요. 그러나 안타깝게도 라브랑은 기생충이 인간의 혈액 속에 어떻게 들어가는지는 밝히지 못했지요.

패트릭 맨슨
샤를 라브랑

"말라리아가 모기와 관련 있다면 말라리아를 일으키는 병원균이 모기 안에 들어 있을지도 몰라!"

1895년에 인도에 돌아온 로스는 당시 열대 지방에서 가장 흔한 감염병이었던 말라리아의 정체를 자신이 밝혀 보기로 결심했어요. 로스는 모기가 말라리아의 원인일 것이라고 생각했고, 자신의 생각을 실험을 통해 증명해 보여야만 했어요. 그래서 말라리아에 걸린 수많은 인도인의 혈액을 뽑아 현미경으로 관찰하고 또 관찰했지요.

"얼룩날개모기의 위를 관찰해 보자."

로스가 현미경을 통해 들여다본 것은 말라리아 환자의 피를 나흘 동안 먹은 모기였어요. 그러던 어느 날, 로스는 얼룩날개모기의 위에서 말라리아 기생충과 똑같은 모양을 발견했답니다.

"바로 이거야."

당시만 해도 모기가 말라리아를 옮긴다는 것은 상상도 할 수 없는 일이었지요. 의학자들은 질병이 세균 때문에 걸리는 것이라고 굳게 믿고 있었거든요.

로스의 발견은 인간의 질병이 세균이 아닌 미생물로부터 발생

할 수도 있다는 것을 밝혔지요. 이것은 후배 학자들에게 신선한 충격이자 좋은 연구 과제이기도 했어요.

그날 로스는 노트에 이렇게 적었어요.

"오늘은 신을 달래는 날이다. 난 네 교활한 씨앗을 발견했다. 오! 100만 명을 살해한 이 작은 놈을 나는 알게 됐다."

이후 로스는 말라리아 연구로 1902년에 노벨 생리의학상을 받았답니다.

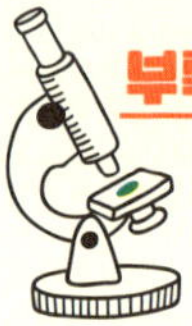

부록

세계 모기의 날을 아시나요?

말라리아라는 병을 통해 우리는 작은 모기라고 우습게 볼 게 아니라는 소중한 교훈을 얻을 수 있어요.

매년 8월 20일은 1897년 로널드 로스가 정한 세계 모기의 날이에요. 로스는 암컷 모기가 사람에게 말라리아를 옮긴다는 것을 발견한 날을 기념하기로 했어요.

"이날을 세계 모기의 날로 하사. 나중에라도 사람들이 이날을 기억할 수 있게 말이야."

로스의 주장대로 1930년대 초부터 런던 위생 열대의학 대학교에서 매년 '세계 모기의 날' 기념행사를 열고 있지요.

로스는 공책에 말라리아 원충에 대한 연구를 자세히 기록할 만큼 열의가 대단했어요. 로스의 노력 덕분에 아노펠레스(얼룩날개모기)라는 모기가 말라리아를 옮긴다는 사실이 알려졌지요.

이 사실을 축하하기 위해 1931년 8월에는 런던에 있는 로스 연구소 및 열대병 병원에서 '세계 모기의 날' 오찬이 열리기도 했대요.

오늘날에는 매년 4월 25일이 '세계 말라리아의 날'이에요. 세계 보건 기구(WHO)에서 말라리아의 위험성을 알리고 이를 예방하기 위해서 기념일을 정했답니다.

로널드 로스

12 페스트균을 발견한

알렉상드르 예르생

출생~사망 1863~1943년

나라 프랑스

업적 페스트균 발견, 백신 개발

세균이나 바이러스 중에는 한 시대를 무너뜨릴 만큼 강력한 병원균이 있기도 해요. 2020년, 전 세계로 퍼진 코로나19 바이러스도 그런 종류예요. 옛날에는 흑사병을 일으키는 페스트균 때문에 사람들이 큰 고통을 겪었어요.

페스트균이라고 불리는 이 병원균은 쥐 몸속에 살고 있는 벼룩 때문에 감염된답니다. 쥐벼룩이 사람의 몸에 들어가면서 흑사병을 일으키지요.

페스트균이 사람 몸속으로 들어가면 고열과 두통, 어지럼증에 시달려요. 증상이 심해지면 피부에 종기가 돋아난 뒤 검게 썩어 들어간다고 해서 흑사병이라는 이름이 붙었어요.

역사 속에서 페스트균이 흑사병을 일으킨 것은 한두 번이 아니었답니다. 특히 1340년대 말부터 1350년대 초까지 유럽에 흑사병이 널리 퍼진 탓에 많은 사람이 죽었어요. 이때 유럽 인구의 약 3분의 1이 줄어들었다고 해요.

"흑사병에 걸린 시신들은 모조리 불에 태워라!"

당시 유럽에서는 의학이 흑사병을 고칠 수 있는 수준이 아니었어요. 이미 죽은 사람들의 시신과 물건을 불태우는 것 외에는

별 도리가 없었지요. 의사들은 까마귀 부리와 같이 생긴 기다랗고 뾰족한 마스크를 쓰고 환자들을 따로 격리시켰어요.

"신이 노하신 게 틀림없어."

흑사병이 널리 퍼지자 사람들은 신이 화가 나서 사람들에게 큰 벌을 내렸다고 말할 정도였어요. 그만큼 무엇 때문에 흑사병에 걸렸는지 정확한 원인조차 알 수 없었던 때였어요.

1894년에 흑사병은 또다시 홍콩을 발칵 뒤집어 놓았어요. 흑사병의 일종인 선페스트가 사람들의 목숨을 무수히 앗아 가고 있었지요.

당시 프랑스 정부는 세균학자였던 알렉상드르 예르생을 보내 홍콩에서 유행 중인 흑사병의 원인을 찾게 했어요. 예르생은 젊고 뛰어난 과학자였어요. 불과 스물세 살에 프랑스의 파스퇴르 연구소에서 미생물을 연구하는 학자가 되었거든요.

홍콩에 도착한 예르생은 몇 가지 실험 기구와 의료 장비를 갖고서 곧바로 연구를 시작했어요.

먼저 예르생은 흑사병에 걸려 죽은 사람의 시체를 직접 살펴보았어요. 그런 다음 넓적다리의 부어 오른 부분에서 살점 하나

를 떼어 냈어요. 살점을 현미경에 놓고 자세히 관찰해 보니 지금껏 보지 못한 병원균이었답니다. 바로 흑사병을 일으키는 페스트균이었어요.

"생김새는 가느다란 막대 같기도 한데, 쥐 몸속에서 사는 병균과 닮은 것 같군."

예르생은 자신이 발견한 병원균에 자신의 이름을 따서 '예르시니아 페스티스'라고 이름을 붙였어요. 그리고 얼마 후에는 드디어 흑사병이 쥐 몸속에 사는 벼룩을 통해 전염된다는 사실을 밝혀냈지요.

"얼른 흑사병 치료제를 찾아야 합니다. 혈청 요법으로 연구를 시작하지요."

예르생은 마음이 바빴어요. 하루라도 빨리 치료제를 만들어 흑사병으로 허무하게 죽어 가는 사람들을 구하고 싶었거든요.

예르생이 말한 혈청 요법이란 병원균에 대한 항체가 있는 혈청으로 환자를 치료하는 방법이었어요. 예르생은 배양된 페스트균을 이용하여 동물 실험까지 마쳤어요.

이후 예르생은 말에서 추출한 페스트 백신과 치료제를 가지고 중국의 광저우로 향했어요. 그곳에서 흑사병을 앓고 있는 청년에게 백신을 접종했지요.

“제발, 제발, 제발…….”

예르생의 간절한 바람 때문이었을까요? 청년은 점차 증세가 나아졌어요. 이렇게 해서 예르생은 처음으로 흑사병을 치료한 의사가 되었답니다.

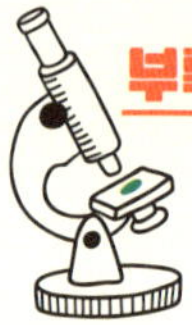

부록

베트남에서 제2의 인생을 찾은 예르생

알렉상드르 예르생은 열대 우림을 탐험하겠다는 부푼 꿈을 가지고 있었어요. 1891년에 예르생은 자신의 꿈을 이루기 위해 베트남에 있는 나짱으로 향했답니다. 나짱의 경치에 반한 예르생은 그곳에서 자유로운 인생을 살기로 결심했지요.

페스트 백신을 발견했을 때에도 예르생은 동료에게 자신이 발견한 백신의 결과를 프랑스 연구소에 알려 달라고 부탁했어요. 그런 뒤 자신은 실제 환자를 치료하기 위해 중국으로 떠났지요. 자신의 이름을 알리는 것보다는 사람들에게 꼭 필요한 일을 하는 것을 더 중요하게 생각했거든요.

예르생은 나짱에서도 동네 사람들과 친하게 지냈고, 그들의 질병을 무료로 치료해 주었다고 해요. 예르생은 나짱에 온 최초의 의사이기도 했어요. 특히 어촌에서 사는 형편이 어려운 어민과 어린이들을 도와주었지요.

알렉상드르 예르생

"예르생 아저씨, 계세요?"

매일 어린이들이 예르생의 집에 찾아와 놀면서 책을 읽거나 영화, 그림을 보고 망원경을 들여다보았다고 해요. 그만큼 소박하면서도 다정한 사람이었지요.

또한 예르생은 농사, 원예, 목축, 지리, 천문 기상, 전기 통신, 사진, 건축, 교육 등에 관심이 많았어요. 호기심이 무척 많았던 사람이지요. 예르생은 자신이 아는 지식을 나짱에 살고 있는 사람들에게도 들려주며 베트남에서 제2의 인생을 살았답니다.

13 티푸스를 연구한 미생물학자

샤를 쥘 앙리 니콜

출생~사망 1866~1936년

나라 프랑스

업적 티푸스 전염력 연구

"나를 따르라!"

나폴레옹은 1812년에 50만 대군을 이끌고 러시아 원정길에 나섰어요. 그런데 모스크바에 도착했을 때 나폴레옹의 군대는 약 10만 명밖에 남지 않았어요. 러시아로 가는 도중에 몇 차례의 전투가 있었지만 나폴레옹 군대가 계속 이겼기 때문에 죽은 병사는 그리 많지 않았지요.

"도대체 무엇 때문에 병사들이 죽어 간단 말인가!"

나폴레옹은 병사들이 하나둘씩 죽자 당황했어요. 러시아의 혹독한 추위 탓도 있었지만 병사들을 쓰러뜨린 것은 온몸에 발진을 일으키는 전염병이었어요. 그 전염병은 바로 천연두, 흑사

병과 함께 역사상 가장 많은 사람을 죽인 티푸스였답니다.

티푸스는 제1차 세계 대전과 제2차 세계 대전 때도 널리 퍼졌는데, 유독 군대나 감옥과 같이 집단생활을 하는 곳에서 많이 발생했어요. 전쟁이나 가뭄 등 심각한 재난이 발생했을 때 더 많이 생긴다고 해서 티푸스를 '캠프 티푸스' 또는 '가뭄 티푸스'라고 부르기도 했답니다.

당시 의사들은 티푸스가 어떻게 전염되는지 그 경로를 제대로 알지 못했어요. 그래서 병을 연구하다 티푸스에 걸려 죽은 사람도 있었답니다.

티푸스를 일으키는 균은 '리케치아 프로바제키'라는 균인데, 사실 이 이름도 티푸스균에 전염되어 목숨을 잃은 두 명의 과학자 이름에서 따왔어요.

제1차 세계 대전이 일어나기 전, 프랑스의 미생물학자인 샤를 니콜 박사는 티푸스를 연구하고 있었어요. 니콜 박사는 병원에 입원한 환자들을 관찰하다 이상한 사실 하나를 발견했지요.

"이상하다. 티푸스에 걸린 환자를 치료하는 의사나 간호사한테는 병이 옮지 않는 것 같은데……."

티푸스 환자들이 병원에 입원하는 순간 그들의 가족을 비롯해 다른 환자, 간호사, 의사들까지 전혀 티푸스에 전염되지 않았어요. 가까이 지내는 만큼 병이 옮을 만도 한데 정말 신기한 일이었어요.

니콜 박사는 그 이유가 새로 입원하는 환자들의 경우 모두 입고 있던 옷을 벗은 다음 몸을 깨끗이 씻고 환자복으로 갈아입기 때문이라고 생각했어요. 환자들의 몸이나 옷에 살고 있는 기생충인 몸니가 티푸스를 옮기는 것이라고 추측했던 거예요. 결과적으로 니콜 박사의 추측이 맞았어요.

니콜 박사는 한 가지 실험을 해 보기로 했어요. 티푸스에 감염된 침팬지의 피를 다른 침팬지에게 넣었지요. 얼마 후 침팬지는 티푸스에 걸렸어요. 니콜 박사는 같은 방법으로 원숭이에게도 티푸스를 감염시키는 데 성공했어요.

그리고 1909년 9월, 니콜 박사는 티푸스에 감염된 원숭이를 물었던 몸니가 다른 동물을 물기만 해도 감염을 일으킨다는 사실을 밝혀냈답니다. 이후 니콜 박사는 실험을 거듭하여 티푸스에 대한 비밀을 풀어 나갔지요.

“티푸스균은 몸니의 체내에서 일주일이 지나야 증식되고 전염성을 가지게 됩니다. 반드시 몸니에 물려서만 전염되는 것은 아니지요. 몸니가 사람의 피부 위를 기어다니다가 균이 있는 배설물을 분비하면 사람이 가려워서 피부를 긁게 되고, 긁힌 상처를 통해 티푸스균들이 몸 안으로 들어가기도 합니다.”

티푸스의 전염 경로가 밝혀지자 군대나 감옥에서는 군복과 담요를 깨끗이 소독했어요.

이후 매년 티푸스에 시달려 왔던 튀니스에서 티푸스는 불과 2년 만에 완전히 사라졌답니다. 또한 니콜 박사는 한 번 이 병에 걸린 원숭이가 다시는 병에 걸리지 않는다는 것을 알아내고 회복기 환자의 혈청으로 예방 접종에도 성공했어요. 니콜 박사의 연구로 인해 튀니스의 파스퇴르 연구소는 세계적으로 유명한 세균학 연구의 중심지가 되었답니다.

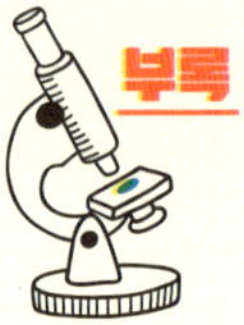

무증상에도 감염이 된다고?

샤를 쥘 앙리 니콜은 티푸스가 기생충인 몸니를 숙주로 해서 옮겨 간다는 놀라운 사실을 밝혀냈어요. 니콜 박사는 이 과정에서 병원균에 감염된 동물이 특별한 증상을 보이지 않더라도 전염력이 있다는 점을 발견했지요.

또한 사람에게 치명적인 질병을 일으키는 병원균을 자세히 들여다보면 감염돼도 별다른 증상이 나타나지 않을 비율이 높다는 사실을 알아냈어요.

"아무런 증상이 없는데, 병을 옮긴다니 그게 말이 돼?"

사람들은 니콜 박사의 말을 믿지 않았지만, 니콜 박사는 자신의 주장을 꺾지 않았어요.

예를 들어 기니피그로 티푸스를 연구하던 중에 병원균에 감염된 기니피그가 티푸스 증상을 보이지 않는다고 해도 그 동물은 감염 가능성이 있었어요. 하지만 당시만 해도 이런 질병에 대해 알려진 바가 없었어요.

니콜 박사는 이런 형태의 티푸스를 '불현성 티푸스'라고 이름 지었지요. 그리고 이것이 잠복성 전염병의 기본적 형태라고 생각했답니다. 이는 오늘날에 주로 '무증상 감염'이라는 말로 쓰인답니다.

샤를 쥘 앙리 니콜

14

최초의 항생제인 페니실린을 발견한 알렉산더 플레밍

출생~사망 1881~1955년
나라 스코틀랜드
업적 페니실린 발견

1928년, 인류 최초의 항생제인 페니실린이 발견된 것은 완전히 우연이었어요.

세균학자였던 알렉산더 플레밍은 스코틀랜드에서 가난한 농부의 아들로 태어났어요. 플레밍은 의과 대학에서 세균학을 공부했답니다.

플레밍이 주로 했던 일은 세균의 먹이가 되는 양분을 실험용 유리 접시인 샬레에 넣고 그 위에 포도상 구균을 얇게 발라 균이 자랄 수 있게 키우는 일이었어요. 그러려면 샬레에 공기 중에 떠다니는 다른 세균이 섞이지 않도록 샬레의 뚜껑을 꼭 닫는 것이 중요했어요.

그러던 어느 날이었어요. 플레밍은 포도상 구균을 기르던 샬레를 살피며 고개를 갸우뚱했어요.

“어랏? 왜 푸른곰팡이가 잔뜩 피었지?”

플레밍은 자신이 실수로 샬레 뚜껑을 닫지 않았다는 걸 깨달았어요. 당시 실험실에서 푸른곰팡이를 연구하고 있었는데, 때마침 플레밍이 열어 둔 샬레 위에 푸른곰팡이가 날아 들어간

것이었지요.

플레밍은 자신의 실수를 깨닫고는 곧바로 곰팡이가 핀 샬레를 쓰레기통에 버리려고 했어요. 그런데 이때 플레밍의 눈에 띈 무언가가 있었어요. 플레밍은 다시 샬레를 눈앞까지 들고 유심히 살펴보았지요.

“푸른곰팡이가 핀 자리에 있던 포도상 구균이 없어졌어! 혹시 푸른곰팡이에 균을 죽이는 물질이 있는 걸까?”

그날부터 플레밍은 푸른곰팡이를 연구하기 시작했어요. 바로 푸른곰팡이가 앉은 자리에서 균이 자랄 수 없게 하는 성분을 찾아내는 일이었지요.

플레밍은 연구를 거듭하여 푸른곰팡이에서 포도상 구균과 폐렴균을 죽일 수 있는 물질을 뽑아냈어요. 그리고 그 물질에 ‘페니실린’이라는 이름을 붙였답니다.

당시에는 파스퇴르나 코흐에 의해 균을 죽일 수 있는 백신이 만들어졌지만, 이미 균 때문에 병에 걸린 환자를 낫게 할 치료제는 없었어요. 그래서 플레밍은 페니실린으로 치료제를 만들려고 노력했어요.

그러나 순수한 페니실린만 뽑아내는 과정은 무척 어려웠답니다. 게다가 균을 없애고 난 뒤 무균 상태로 지속하는 시간이 짧다는 걸 알고 연구를 포기하고 말았지요.

그로부터 10년 후, 영국 옥스퍼드 대학의 연구 팀인 하워드 플로리와 에른스트 카인이 페니실린을 대량으로 만드는 실험에 성공했어요. 두 사람은 페니실린을 배양하고 말려서 가루로 만들었답니다. 그러고는 동물 실험을 시작했어요.

플로리와 카인은 우선 포도상 구균을 주사한 쥐들을 두 집단으로 나누었어요. 그중 주사로 페니실린을 투약한 집단의 쥐들이 무사히 살아남았어요. 1941년, 드디어 옥스퍼드 대학의 연구팀은 실제로 포도상 구균에 감염된 환자를 대상으로 임상 실험을 했답니다.

"환자가 나았어요! 페니실린의 기적입니다!"

항생제 페니실린의 효과가 사람에게도 있다는 게 입증되었지요. 이후 페니실린은 감염병에 걸려 죽어 가는 사람들을 살릴 수 있었어요. 특히 제2차 세계 대전 때 전쟁에서 다친 군인들의 상처를 치료할 수 있었고, 급성 폐렴에 걸렸던 영국 처칠 수상의 목숨도 구했지요.

만약 플레밍이 항생제를 발견하지 못했다면 우리는 작은 상처에도 세균 감염으로 죽는 일이 많았을 거예요. 이후 플레밍은 페니실린을 발견하여 인류를 세균성 질병으로부터 해방시킨 공로를 인정받아 1945년에 노벨 생리의학상을 받았답니다.

부록

세균만 죽이는 물질이 콧물에서 나왔다고?

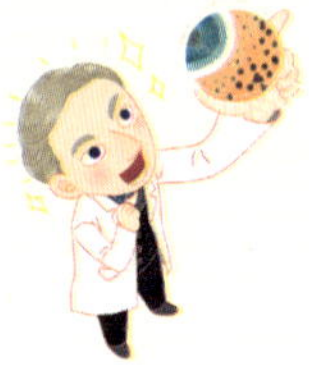

1922년, 알렉산더 플레밍은 세균만 죽일 수 있는 물질을 찾으려고 연구실에서 밤을 새우는 일이 많았어요. 그런데 이 물질은 뜻밖에도 플레밍의 콧물에서 발견되었답니다.

어느 날, 플레밍이 우연히 재채기를 했는데, 그만 세균을 기르던 샬레에 콧물이 튀었지 뭐예요. 다음 날 샬레를 들여다보니 놀라운 사실이 관찰되었어요. 바로 콧물 주위에 세균이 생기지 않았던 거예요.

"아니, 이런 놀라운 일이 있나!"

플레밍은 가슴이 두근두근 뛰었어요. 세균을 죽이는 물질을 드디어 찾았다는 생각이 들었거든요. 플레밍은 세균이 가득한 샬레에 콧물 한 방울을 떨어뜨렸어요. 그러자 몇 분 만에 세균이 있던 자리가 투명해졌어요.

알렉산더 플레밍

플레밍은 콧물 성분 속에 균을 죽이는 살균 성분이 있다는 걸 알아냈어요. 또 눈물과 침, 혈청에도 그런 성분이 있다는 사실을 알아냈지요. 플레밍은 그 성분을 '효소'라고 하고, 균을 죽이는 '분해효소'라는 뜻으로 '리소자임'이라고 이름 붙였어요.

플레밍은 '리소자임'과 '페니실린'을 우연히 발견했어요. 이렇게 행운을 우연히 발견하는 능력을 '세렌디피티'라고 해요. 세렌디피티는 과학사에서 완전한 우연으로부터 얻어지는 중대한 발견이나 발명을 뜻하는 말로 쓰이고 있어요.

15 바이러스를 결정으로 만든

웬들 메러디스 스탠리

출생~사망 1904~1971년

나라 미국

업적 담배 모자이크 바이러스 결정체 분리

바이러스의 크기는 보통 20~300nm(나노미터)예요. 나노미터는 10억 분의 1미터 크기예요. 사람의 머리카락 한 올을 10만 가닥으로 자른 정도의 크기라고 할 수 있지요.

동물 세포는 그 100배 정도 되는 크기지만 맨눈으로 볼 수 없어서 현미경으로만 봐야 해요. 그런데 바이러스는 이보다도 훨씬 작기 때문에 광학 현미경이 아닌 선자 현미경으로 관찰해야 겨우 볼 수 있답니다.

처음에 과학자들은 바이러스를 연구할 때 바이러스가 살아 있는 물질인지 죽어 있는 물질인지 확인하는 게 어려웠어요. 바이러스는 크기가 너무 작아서 세균이나 박테리아, 곰팡이보다 훨씬 늦게 발견되었어요. 그렇기 때문에 사람들이 바이러스에 감염되어 병에 걸리면 예방이나 치료법을 찾기 위해 애를 쓸 수밖에 없었어요.

"바이러스는 어떤 모양을 하고 있을까?"

많은 과학자들이 바이러스의 모습을 직접 보고 싶어 했어요. 정체를 제대로 알아야 싸워서 이길 수도 있을 테니까요.

바이러스 때문에 많은 사람들이 천연두, 독감, 소아마비와 같

은 무서운 질병에 걸렸지만 정체를 모르니 속수무책으로 당할 수밖에 없었어요.

당시 과학자들이 바이러스 정체를 어렴풋이 알고 연구를 시작했을 때만 해도 바이러스는 현미경으로 볼 수 없었어요. 사람들이 바이러스로 병에 걸렸을 때 증상으로만 확인할 수 있었지요.

그렇기 때문에 많은 과학자들이 바이러스의 원인을 찾고 백신을 만들려고 애를 썼답니다.

웬들 메러디스 스탠리 박사도 바이러스 연구를 위해 록펠러 연구소에서 일하고 있었어요. 스탠리 박사는 록펠러 연구소에서 담배 모자이크병을 일으키는 바이러스를 연구하는 데 힘을 쏟고 있었지요.

"바이러스를 눈으로 볼 수 있다면 좋을 텐데……. 아! 그래, 바로 그거야! 눈에 안 보이면 보이게 하면 되지."

스탠리 박사는 연구를 거듭한 끝에 담배 모자이크 바이러스가 단백질일 것이라고 생각하였어요. 담배 모자이크 병을 앓는 잎에 단백질을 분해하는 효소를 넣으면 검은 반점이 생기지 않았거든요.

그래서 먼저 바이러스에 감염된 담배 잎사귀의 즙을 내었어요. 그런 다음 바이러스를 추출하여 진하게 졸인 뒤 결정으로 변한 바이러스를 얻으려고 여러 번 실험을 거듭했어요. 수십, 수백 번의 실패 뒤에 성공이 눈앞에 다가왔어요.

'아아, 드디어 바이러스의 모습을 보게 되다니!'

1935년에 스탠리 박사는 현미경으로 바이러스의 실체를 처음으로 확인했어요. 최초로 바이러스를 결정으로 만들어 그 분자 구조를 확인하는 데 성공한 거예요.

이 실험을 통해서 스탠리 박사는 예상했던 대로 담배 모자이크 바이러스가 단백질과 핵산으로 이루어져 있다는 것을 밝혀냈어요. 하지만 스탠리 박사의 연구는 여기에서 끝나지 않았답니다.

"바이러스가 어떤 구조와 특징을 가지고 있는지 좀 더 알아야겠어."

이후 스탠리 박사는 많은 종류의 바이러스 구조를 밝혀냈어요. 또한 바이러스가 다른 생명체 속에 들어가 자신의 모습을 똑같이 복제하면서 세포 수를 늘려 간다는 놀라운 사실도 알

노벨 화학상

아냈지요. 이런 연구 결과들로 스탠리 박사는 생명 활동과 생명 현상을 종합적으로 연구하는 생명 과학의 발전에 큰 도움을 주기도 했답니다.

"올해 수상자는 바이러스를 결정화한 웬들 메러디스 스탠리 박사입니다."

1946년, 스탠리 박사는 해마다 인류를 위해 일한 사람에게 주는 상인 노벨상을 받았어요. 그중에서도 화학 분야인 노벨 화학상을 탔지요.

스탠리 박사의 연구는 후배 과학자들이 바이러스의 비밀을 파헤치는 데 커다란 도움을 주었어요.

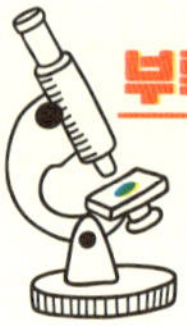

부록

바이러스에 대해 밝혀진 새로운 사실들

스탠리 박사의 바이러스 결정체는 훗날 후배 과학자들의 연구에 많은 영향을 주었어요. 그동안 비밀에 감추어져 있던 바이러스의 특징들도 연구를 통해 많이 밝혀냈지요.

먼저 바이러스는 질병에 걸렸을 때 원인이 되는 감염원이라고 할 수 있어요. 그리고 바이러스는 광학 현미경으로는 볼 수 없고, 대부분 세균이 통과할 수 없는 여과지를 통과할 수 있지요.

바이러스는 세균과는 다르게 죽어 있는 세포에서는 아무런 활동을 할 수 없어요. 그래서 살아 있는 사람이나 동식물 속에서 자신과 똑같은 모양을 만들며 몸집을 불려 나가요.

바이러스는 변신을 잘해서 돌연변이를 만들기도 해요. 하나의 바이러스 치료제를 개발했다 싶으면 재빠르게 새로운 모습으로 스스로를 변하게 한답니다. 그래서 특정한 바이러스에 대한 항바이러스제의 개발이 어려워요. 약을 만드는 속도보다 바이러스 변이가 훨씬 빨라서 오랜 연구를 수포로 만들기도 해요.

웬들 메러디스 스탠리

바이러스의 종류에는 B형 간염 바이러스, 인플루엔자 바이러스, 소아마비 바이러스 등이 있는데, 감기도 바이러스 때문에 생기는 질병이에요. 바이러스에 감염되면 우리 몸은 정상적으로 움직일 수 없기 때문에 열이 나거나 기침, 가래 등으로 고생하게 된답니다.

16 먹는 소아마비 백신을 개발한

앨버트 세이빈

출생~사망 1906~1993년

나라 미국

업적 소아마비 경구 백신 개발

오랫동안 사람들을 괴롭혀 온 전염병이 있어요. 얼마나 오래되었냐면, 고대 이집트 미라에서 병원균이 발견될 정도예요. 이 병은 어린아이들이 잘 걸린다고 해서 '소아마비'라고 불렸지요.

소아마비는 '폴리오'라는 바이러스 때문에 생겨요. 소아마비에 걸리면 손발에 감각이 없어지고 근육이 약해져 힘을 제대로 쓸 수가 없지요. 증상이 심해지면 목숨을 잃을 수도 있답니다. 병이 낫더라도 다리에 장애가 생겨서 목발이나 휠체어를 이용해야 했어요.

"아유, 옆집 제임스가 열병을 앓더니 걷지를 못한대요. 소아마비에 걸린 게 틀림없어요. 우리 아이한테 옮으면 큰일인데, 산속 오두막으로 몸을 피해야 하지 않을까요?"

"그럽시다. 잠잠해질 때까지 동네를 떠나 있는 게 현명하겠소."

1940년대 무렵, 미국의 중산층 가정에서는 이렇게 아이가 소아마비에 걸릴까 봐 산이나 사막으로 대피시키는 집이 있을 정도였어요.

1952년에는 감염자 중 2만 1000여 명이 불구가 되고 3,100여 명이 사망했어요. 희생자는 대부분 어린이들이었지요.

원래 첫 번째 폴리오 소아마비 백신은 미국인 조너스 소크 박사가 개발했어요. 소크 박사가 만든 백신은 환자를 감염시킬 위험성이 없는 죽은 바이러스를 주입해 면역이 생기도록 하는 방식이있어요. 소크 박사의 백신이 나오자 사람들은 드디어 소아마비를 물리칠 수 있다며 무척 기뻐했어요.

하지만 주사기로 백신을 맞는다고 했을 때 깨끗한 주삿바늘

이 아니라면 사람이 다른 균에 감염될 위험이 따랐지요. 그래서 당시 가난한 나라에서는 소크 박사의 백신을 사용하는 게 쉬운 일이 아니었어요.

"먹을 수 있는 소아마비 백신이 필요합니다!"

1955년, 미국 세균학자 앨버트 세이빈 박사는 살아 있지만 독성이 약한 폴리오 바이러스를 활용해 먹을 수 있는 백신을

만들었어요. 세이빈 박사의 백신은 소크 박사가 만든 백신보다 장점이 많았어요.

"우아, 맛있는 과자 모양이네! 아이들이 좋아하겠는걸."

세이빈 박사의 백신은 아이들이 좋아하는 시럽이나 과자 모양으로 만들 수 있었어요. 그래서 아이들이 주사를 맞는 두려움에서 벗어날 수 있었지요. 따라서 주삿바늘에 의한 감염을 걱정할 필요도 없었어요. 그리고 의사가 많이 없는 가난한 나라에서도 쉽게 사용할 수 있는 백신이었어요. 또 주사 백신은 세 번에 걸쳐 맞아야 했는데, 세이빈 박사가 만든 백신은 한 번 먹는 것으로도 충분했지요.

앨버트 세이빈

하지만 미국에서는 이미 소크 박사가 만든 백신이 널리 사용되고 있었어요. 게다가 미국 정부는 살아 있는 바이러스로 만든 백신을 먹는다는 게 꺼려진다며 세이빈 박사의 백신이 쓰이는 것을 반대했지요. 그러자 세이빈 박사는 세 가지 종류의 바이러스와 백신을 소련의 유명한 백신 전문학자에게 보냈어요. 바로 부부인 미하일 추마코프 박사와 마리나 보로실로바 박사였지요.

추마코프 박사는 먼저 백신을 먹고 나서 바이러스를 직접 자신의 몸에 주입해 실험했어요. 하지만 소아마비는 아이들을 대상으로 실험해야 했답니다. 그래서 추마코프 박사와 보로실로바 박사는 세 명의 아들은 물론 여러 명의 조카들을 상대로도 실험했어요. 위험이 따를 수 있는 일이었지만 다행히도 실험은 성공했어요.

세이빈 박사가 만든 먹는 소아마비 백신은 소련에서 먼저 큰 성공을 거두었답니다. 이후 세이빈 박사의 백신이 먹어도 안전하다는 검증을 받고 난 뒤 전 세계 사람들에게 보급되었지요.

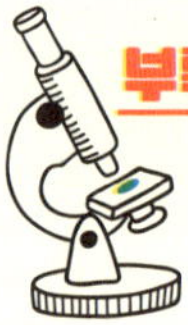

부록

소아마비 퇴치에 힘쓴 미국 루스벨트 대통령

미국에서 네 번이나 대통령이 된 프랭클린 루스벨트 대통령도 소아마비 환자였다는 사실을 아세요? 루스벨트는 원래 활달한 성격에 운동을 좋아하고 잘생기기까지 해서 변호사로, 정치인으로 승승장구하던 사람이었어요. 뉴욕 주지사에서 상원 의원이 되고 부통령 후보까지 되었지요. 그런데 서른아홉 살에 뜻하지 않게 소아마비에 걸리고 말았어요. 다행히 목숨은 건졌지만 다리가 마비되어 휠체어 신세를 지게 되었지요.

매력적이고 활발하던 루스벨트는 은퇴까지 생각할 정도로 크게 낙담했어요. 하지만 가족들의 헌신적인 도움으로 포기하지 않고 도전한 덕분에 미국의 32대 대통령이 되었답니다.

루스벨트는 대통령 재임 기간 중 1938년에 소아마비 퇴치 자선 재단을 만들었어요. 이 재단은 사람들에게 10센트의 은화를 모으는 운동을 시작했어요. 모금한 돈으로 의학자들이 소아마비 연구를 할 수 있도록 돕는 것이었지요.

프랭클린 루스벨트 대통령

모금 자금으로 연구비의 혜택을 많이 받은 사람이 바로 피츠버그 대학의 젊은 의학자 '조너스 소크'였답니다. 소크 박스는 이렇게 연구비를 지원받은 덕분에 하루 16시간씩 연구를 할 수 있었다고 해요. 소크 박사는 1952년에 원숭이의 신장 세포에서 세 종류의 폴리오 바이러스를 배양한 다음 포름알데히드로 죽여서 백신을 만드는 데 성공했어요.

17

유행성 이하선염 백신을 개발한

모리스 힐먼

출생~사망 1919~2005년

나라 미국

업적 유행성 이하선염, 일본 뇌염 백신 개발

때는 1963년 3월의 어느 날이었어요. 새벽 1시, 어둠이 낮게 드리운 시간이었지요. 모리스 힐먼의 어린 딸 제릴린이 다급한 목소리로 아빠를 불렀어요.

"아빠! 아빠! 목이 너무 아파요."

"이런, 우리 딸 목이 많이 부어 있구나. 시간이 지나면 괜찮아질 거란다. 다시 잠 요정을 불러 볼까?"

힐먼은 다섯 살짜리 어린 딸이 눈물을 글썽이는 것을 보며 마음이 몹시 아팠어요. 딸의 얼굴을 살펴보니 귀밑의 침샘이 통통 부은 것이 유행성 이하선염에 걸린 것 같았어요. 유행성 이하선염은 다른 말로 '볼거리'라고도 해요. 볼거리에 걸리면 처음에는 한쪽 침샘이 커져요. 하지만 며칠이 지나면 커진 침샘이 작아지면서 다른 쪽 침샘이 커지기도 해요.

전염병이긴 하지만 딱히 약이 있는 것도 아니고 보통 일주일 정도 지나면 낫는 병이기도 해서 그저 지켜보는 수밖에 없었지요. 하지만 그냥 놔두면 뇌수막염과 같은 합병증이 생길 수도 있어서 병의 상태를 잘 살펴야 했답니다.

힐먼은 젊은 나이에 결혼했지만 15년 동안 아이가 생기지 않

았어요. 뒤늦게 두 딸을 얻었는데, 그만 아내가 일찍 세상을 떠나고 말았지요. 그래서인지 힐먼은 몸이 아픈 딸을 옆에서 지켜만 보는 게 더더욱 마음이 아팠어요.

"이럴 때 아이 엄마가 곁에 있으면 얼마나 좋을까? 내가 의사였다면 우리 딸의 병을 직접 치료해 주었을 텐데……. 제릴린, 어서 건강하게 나아서 다시 활짝 웃어 주렴."

게다가 날이 밝으면 일 때문에 남아메리카로 장거리 출장을 떠나야만 했어요. 힐먼은 그저 딸아이가 크게 아프지 않고 잘 견뎌 내 주길 바라는 수밖에 없었어요.

유행성 이하선염은 기다리면 낫는 병이긴 하지만 힐먼은 한 가지 궁금증이 생겼어요.

'아이가 병에 걸리지 않도록 예방하는 방법은 없을까?'

미생물학자인 힐먼은 유행성 이하선염 같은 감염병을 미리 예방할 수 있다면 더 좋겠다고 생각했어요.

유행성 이하선염은 1960년대 미국에서 한 해에 20만 명이 넘는 어린이들이 앓을 정도로 흔한 전염병이었어요. 하지만 이 병에 안 걸리게 할 예방 약은 없는 상태였지요.

힐먼은 딸의 귀밑샘에서 검체를 분리해서 연구해 보기로 했어요. 유행성 이하선염에 걸리면 귀밑에 있는 침샘이 부풀어 오르는데, 이곳에 바이러스가 있기 때문이지요.

힐먼이 약 한 달간의 출장을 마치고 집에 돌아왔을 때, 다행히도 딸은 병이 거의 다 나은 상태였어요.

힐먼은 여행을 가기 전 딸아이의 귀밑에서 얻은 바이러스에 '제릴린'이라고 이름을 붙인 뒤, 실험에 쓸 시험 자료를 만들었지요. 이미 일본 뇌염 백신을 개발하고 미생물학자로 유명했던 힐먼은 이번에도 유행성 이하선염 바이러스를 분리하는 데 성공했답니다.

"이걸 이용해서 백신을 만드는 거야!"

힐먼은 실제 사람에게 백신을 투약해 효과가 있는지 실험했어요. 다행히도 백신을 맞은 사람은 부작용 없이 유행성 이하선염에 걸리지 않았답니다.

"이 백신은 사람에게 안전하게 쓸 수 있습니다."

힐먼이 만든 유행성 이하선염 백신은 1967년에 드디어 미국 식품의약국(FDA)의 승인을 받고, 전 세계에서 널리 사용할 수 있게 되었답니다.

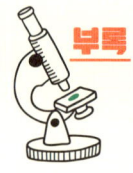

부록

혼합 백신의 시초가 된 MMR 백신

1960년 말 모리스 힐먼은 여러 가지 항원(면역 반응을 일으키거나 항체를 만들도록 하는 물질)을 결합한 뒤 반응을 살펴보기로 했어요. 여러 가지 감염병을 백신 하나로 단번에 예방하고 싶었거든요.

힐먼은 다양한 백신을 결합한 뒤 항원의 반응을 살펴보는 연구를 시작했어요. 물론 실패도 많았어요. 하지만 힐먼은 포기하지 않고 연구실에서 낮이고 밤이고 연구에 매달렸어요.

그러다가 1971년에 힐먼은 자신이 일하던 머크라는 제약 회사에서 홍역, 풍진, 유행성 이하선염 등 세 가지 바이러스 전염병을 한꺼번에 예방할 수 있는 MMR 백신을 개발했답니다.

이 혼합 백신은 오늘날 어린이들에게 세 가지 백신을 한꺼번에 맞힐 수 있는 예방 접종의 시초가 되었어요. 당시 미국에서는 지금처럼 아이들에게 예방 접종을 빠짐없이 하지는 않았어요. 아이들이 건강하게 자라려면 꼭 필요한 접종이었지만, 여러 번 병원에 가는 게 힘들기도 하고 귀찮기도 했으니까요.

모리스 힐먼

하지만 MMR 백신은 한 번만 맞으면 세 가지 질병을 동시에 예방할 수 있었기 때문에 부모들의 수고를 덜어 주었어요. 그래서 기존에 병원에서 사용하고 있던 백신보다 많은 인기가 있었답니다.

18 스페인 독감의 정체를 밝힌 요한 훌틴

출생 1924년

나라 스웨덴

업적 스페인 독감 병원균 발견

1918년, 제1차 세계 대전이 막바지였던 때였어요. 스페인의 산세바스티안이라는 마을에서는 전쟁보다 무시무시한 일이 벌어지고 있었어요. 온 마을 사람들이 독감에 걸려 사경을 헤매고 있었거든요.

"헉헉, 숨을 쉬는 게 너무 힘들어……."

독감에 걸린 사람들은 가쁜 숨을 내쉬며 기침을 했어요. 그럴 때마다 기침과 함께 가래에 붉은 피가 섞여 나왔지요.

"콜록콜록, 콜록콜록!"

두 달 동안 스페인에서는 독감에 걸린 환자가 800명이나 늘었어요. 그런데 이 독감은 희한하게도 노인이나 아이들보다 젊은

이들이 더 쉽게 걸렸어요.

문제는 독감에 걸린 젊은이들이 배를 타고 전쟁터로 향했다는 거예요. 그 때문에 독감 바이러스는 바다를 건너 전 세계로 아주 빠른 속도로 퍼져 나가기 시작했지요. 유럽, 아프리카, 아시아, 아메리카, 남태평양의 섬들 할 것 없이 모든 곳에 독감 환자가 넘쳐났어요.

정말 심각한 게 뭔지 알아요? 전쟁터에서 죽은 군인의 수보다 독감에 걸려 죽은 사람의 수가 많았다는 사실이에요. 이후 이 독감은 '스페인 독감'이라는 이름으로 불렸고, 약 5,000만 명의 목숨을 앗아 갔어요. 그리고 세계 인구 18억 명 가운데 6억 명이 스페인 독감에 걸렸다고 해요.

당시에도 많은 과학자들이 독감의 원인을 밝히려고 애를 쓰고 있었어요. 하지만 바이러스를 볼 수 있는 전자 현미경이 발명되지 않은 때라 독감의 정체를 알 수 없었지요.

시간이 흘러 때는 1951년이었어요.

당시 대학원 학생이었던 요한 훌틴은 두꺼운 옷으로 온몸을 무장하고 어딘가로 향했어요. 추운 날씨에 코를 훌쩍이는 훌틴의 한 손에는 커다란 삽이 들려 있었지요. 목적지는 알래스카에 있는 브레비그였어요.

"스페인 독감의 정체를 내가 꼭 밝혀낼 거야. 얼어 있는 시체의 폐 속에 틀림없이 독감 바이러스가 있을 거야."

스페인 독감은 알래스카에까지 퍼져 닷새 만에 이누이트 부족의 목숨을 반이나 앗아 갔어요.

공동묘지에 도착한 훌틴은 마을 장로에게 허락을 구하고 이누이트 부족이 잠들어 있는 언 땅을 조심스레 파헤쳤어요.

요한 훌틴

훌틴은 시신에서 채취한 스페인 독감 바이러스로 백신을 만들겠다고 마음먹었어요. 그래서 죽은 사람들의 폐 조직에서 바이러스를 분리하려고 했어요. 하지만 살아 있는 독감 바이러스를 찾는 일은 쉬운 일이 아니었어요.

그로부터 46년이 지난 1997년, 이제는 머리가 희끗해진 할아버지 훌틴이 알래스카의 공동묘지의 꽁꽁 언 땅을 삽으로 파고 있었지요.

훌틴이 삽으로 2미터 정도 땅을 파헤쳤을 때 서른 살로 보이는 여자의 시신이 보였어요.

"음…… 폐는 아직 꽁꽁 얼어 있군."

훌틴은 여자의 시신에 '루시'라는 이름을 붙였어요. 그리고 바이러스가 있을지도 모르는 루시의 폐에서 조직을 떼어내어 샘플로 보관해 두었지요.

때마침 미 육군 병리학 연구소의 토벤버거 연구팀에서 스페인 독감 바이러스를 연구한다는 소식이 들려왔어요. 훌틴은 곧바로 루시의 폐 조직을 연구팀에 보냈어요.

전자 현미경이 없었던 1918년과는 달리 2005년에 토벤버거 연구팀은 전자 현미경으로 스페인 독감의 정체를 알아냈어요. 독감을 일으킨 바이러스는 유전자가 H1N1인 A형 인플루엔자 바이러스였답니다. 훌틴을 비롯하여 많은 과학자들의 끈질긴 연구가 드디어 빛을 발하는 순간이었어요.

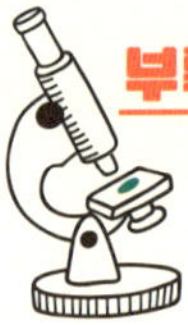

부록

독감 바이러스는 세포를 어떻게 파괴할까?

감염병을 일으키는 바이러스가 사람의 몸 안으로 들어가면 어떤 일이 벌어질까요? 우선 자신과 똑같은 세포를 복제해요. 그런 다음 바이러스의 바깥에 있는 외피에서 튀어나온 수백 개의 예리한 단백질 침을 이용해서 정상 세포를 깨고 다시 퍼져 나간답니다.

독감 바이러스도 마찬가지예요. 독감 바이러스들이 새로운 바이러스 세포를 복제하는 동안 폐에는 단백질을 분해하는 데 필요한 효소가 잔뜩 들어차면서 염증을 일으켜요. 염증 때문에 폐 조직이 굳으면 숨을 쉴 수가 없어요. 숨을 못 쉬면 어떻게 되나요? 죽게 되겠죠? 이렇게 독감 바이러스가 폐 기능을 망가뜨리고 최악의 상황에서는 목숨까지 빼앗아 가지요.

이때 독감 바이러스는 폐의 부드러운 조직에 머물러 있다가 사람이 죽게 되면 즉시 부패해 버린답니다. 그 때문에 폐 속에 있는 바이러스의 정체를 밝히는 일은 쉽지 않았어요. 훌틴이 수십 년 동안 꽁꽁 언 시체에서 바이러스를 얻기 힘들었던 이유도 이 때문이었지요.

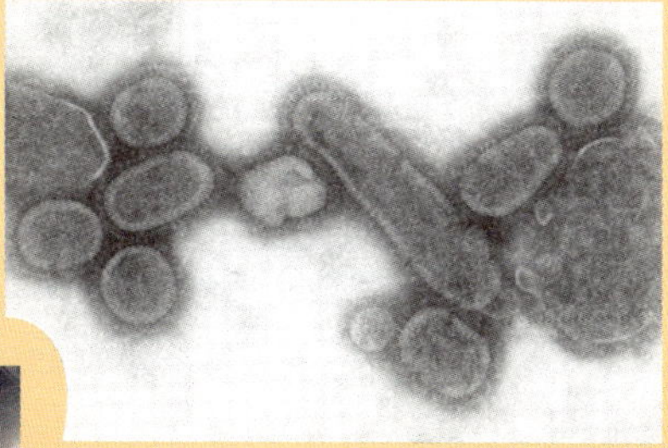

스페인 독감 바이러스

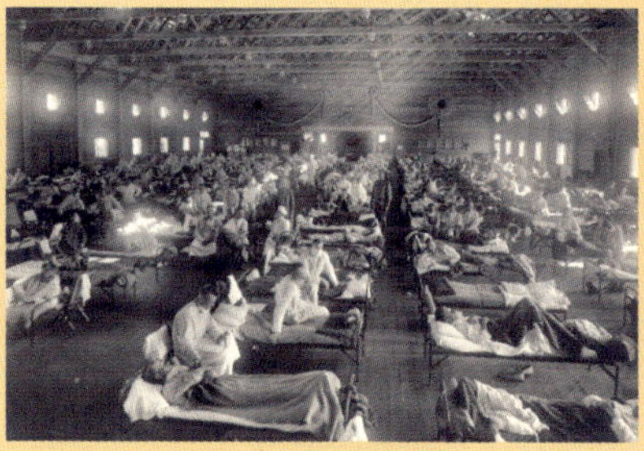

스페인 독감을 앓고 있는 환자들

19

한타바이러스를 발견한 이호왕 박사

출생 1928년

나라 대한민국

업적 한타바이러스, 서울바이러스 발견 및 백신 개발

"탕! 탕! 탕! 간첩 잡아라!"

캄캄한 밤, 휴전선 부근에서 총소리가 울려 퍼졌어요. 군인들은 순식간에 이호왕 박사 앞을 가로막았지요.

"꼼짝 말고 거기 서!"

"나는 간첩이 아닙니다! 연구를 위해 실험용 들쥐를 잡고 있었어요."

이호왕 박사는 몇 해 전부터 군부대 주변을 돌아다녔어요. 유행성 출혈열 연구를 위해 들쥐를 찾고 있었거든요.

1951년 한국 전쟁 때 3,000여 명의 외국인 참전 병사들이 유행성 출혈열로 목숨을 잃었는데, 당시 이호왕 박사를 비롯한 의학자들은 들쥐 몸속에 병원균이 있을 것이라고 추측했지요.

이 병에 걸리면 갑자기 열이 나고 배가 아팠어요. 그러다가 눈, 코, 얼굴, 가슴 등에 붉은 반점이 생겼지요. 러시아나 일본, 만주 지역에서도 유행했는데, 미국은 1952년부터 15년 동안 노벨상을 수상한 의학자 두 명을 포함해 230명의 연구진에게 유행성 출혈열을 연구하게 했어요.

하지만 유행성 출혈열이 어떻게 발생하는지 원인을 알지 못해 세계적으로 큰 골칫거리였지요. 이제껏 없었던 새로운 병이었기 때문에 '유행성 출혈열'이라고 겨우 이름만 붙였을 뿐이었어요.

이호왕 박사는 유행성 출혈열의 병원균을 꼭 밝혀내고 싶었어요. 6년째 연구를 하고 있었지만 병원균을 찾는 일은 쉽지 않았어요.

들쥐를 잡으려다 간첩으로 오해를 받아 총에 맞을 뻔한 적도 있고, 같이 연구한 동료가 유행성 출혈열에 걸려 죽을 뻔했던 적도 있었어요.

게다가 1975년에는 미국에서 더 이상 연구비를 보내 줄 수 없다는 연락까지 왔어요.

"이러다 연구를 그만두어야 하는 게 아닐까?"

이호왕 박사는 안 좋은 일이 자꾸만 겹치자 마음이 무너져 내리는 것 같았어요.

그러던 어느 날, 이호왕 박사에게 미국에서 보낸 한 통의 편지와 논문이 도착했지요.

> "들쥐의 폐에 살고 있는 곰팡이 독소를 한번 살펴보세요."
>
> – 젤리슨 박사

이후 이호왕 박사는 젤리슨 박사의 편지를 조언 삼아 들쥐의 폐를 유심히 관찰했어요.

1975년 10월 어느 날, 이호왕 박사는 전자 현미경으로 들쥐의 폐 조직을 들여다보고 있었지요.

'어? 이게 뭐지? 은하수같이 노란빛이 반짝이는데…….'

이때 이호왕 박사는 유행성 출혈열의 바이러스를 처음 발견했어요. 마음이 쿵쾅거렸지만 흥분을 가라앉히고 6개월 동안 침착하게 관찰해 보았어요. 그때마다 바이러스는 밤하늘의 별처럼 반짝이는 모양을 하고 있었답니다.

이호왕 박사는 자신이 발견한 바이러스에 '한탄바이러스(한타바이러스)'라고 이름 붙였어요. 경기도 북부 한탄강 근처에서 잡은 등줄쥐의 폐에서 발견한 바이러스였거든요.

바이러스에 자신의 이름을 붙일 수도 있었지만 이호왕 박사는 그런 일은 같이 연구한 동료들에 대한 예의가 아니라고 생각했어요.

이후 이호왕 박사는 세계 보건 기구와 우리나라 녹십자사의 지원을 받아 1990년 세계 최초로 유행성 출혈열의 백신인 '한타박스'를 세상에 내놓았어요. 우리나라 기술로 발명한 첫 번째 신약이었답니다.

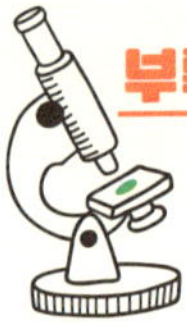

부록

서울바이러스도 쥐에서 나왔다고?

1981년, 이호왕 박사는 서울 마포구의 한 건물 지하상가에서 잡은 쥐로부터 한타바이러스의 친척뻘이 되는 서울바이러스도 찾아냈어요.

한때는 쥐와 같은 설치류가 바이러스를 퍼뜨리는 원인이라는 게 알려지면서 전국적으로 '쥐 잡기 운동'이 생겨나기도 했어요.

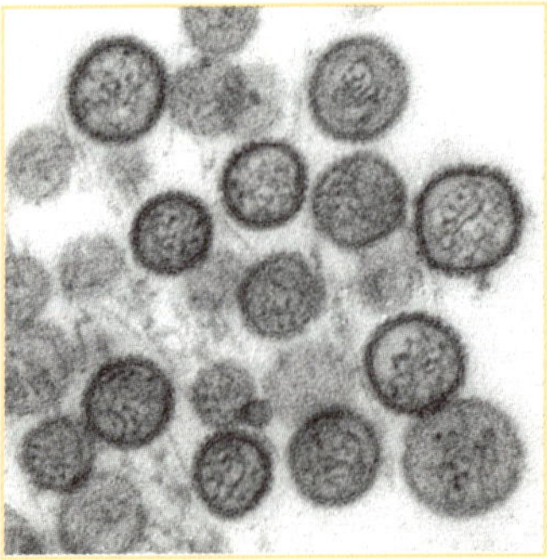

이호왕 박사가 발견한 한타바이러스

한타바이러스나 서울바이러스는 주로 쥐의 침이나 대소변을 통해 사람에게 옮겨진답니다. 더러는 바이러스에 감염된 쥐에게 물리거나,

건조한 날씨에 쥐의 대소변이 바짝 말라서 먼지와 함께 공중에 떠다니다가 사람의 호흡기를 통해 몸속으로 들어와 감염되기도 하지요.

그렇기 때문에 한타바이러스에 오염된 환경에 자주 노출되는 군인이나 농부들은 예방 백신을 미리 맞아야 해요. 1개월 간격으로 두 번 기본 주사를 맞고 12개월 뒤에 한 번 더 추가로 맞아야 해요.

한타바이러스는 주로 늦봄인 5~6월이나 늦가을인 10~11월에 생기기 때문에 이때 산이나 들판에 놀러 가는 것은 되도록 피하는 것이 좋아요.

이호왕 박사

20

행동하는 사람, 세계 보건 기구 사무총장

이종욱 박사

출생~사망	1945~2006년
나라	대한민국
업적	세계 보건 기구 사무총장으로 한센병, 소아마비, 에이즈 예방 사업을 시행

이종욱 박사는 어린 시절에 한국 전쟁을 겪었어요. 그래서 누구보다 전쟁이 남긴 상처를 잘 알았지요. 전쟁 중에는 치료도 할 수 없고 약 한 알조차 구하기 힘들었어요.

그뿐만 아니라 피난을 가면서 곳곳에 쓰러져 있는 사람들과 마주한 일은 정말 마음 아픈 일이었지요.

'아픈 사람들을 돕고 싶어……'

이종욱 박사는 의사가 되자마자 보건소에서 일하면서 한센병 환자들을 찾아다니며 의료 봉사를 했어요. 한센병 환자들을 치료하면서 한 가지 욕심이 더 생겼어요. 전염병을 예방할 수 있는 공부를 하고 싶었지요.

그래서 이종욱 박사는 하와이로 유학을 떠나게 되었어요. 공부를 마치고 오자 사람들은 이종욱 박사에게 교수가 되어 학생들을 가르쳐 보라고 제안했어요. 하지만 이종욱 박사는 다른 꿈이 있었어요.

“이번에는 사모아에 가려고 합니다.”

남태평양에 있는 사모아에는 몸이 아파도 병원에 갈 수 없는

사람들이 많았어요. 사모아로 향한 이종욱 박사는 아픈 사람들을 돌보며 틈틈이 한센병에 대한 연구도 멈추지 않았지요.

"한센병에 쓰이는 약인 댑손과 클로파지민을 같이 섞어서 보관하면 약들이 더운 날씨에도 엉겨 붙지 않아 오래 보관할 수 있습니다!"

이종욱 박사는 이 사실을 남태평양의 여러 진료소와 한센병 전문가들에게 알렸어요. 이 일은 영국의 한 의학 잡지에 실릴 만큼 큰 화제가 되기도 했답니다.

그러던 어느 날이었어요. 세계 보건 기구 남태평양 지역 사무처에서 이종욱 박사에게 한 가지 제안을 했어요.

"한센병 자문관을 부탁드립니다."

1983년에 이종욱 박사는 한센병 자문관으로 일하면서 세계 보건 기구에서 일하게 되었어요. 세계 보건 기구는 에이즈, 결핵, 소아마비와 같은 질병을 예방하고 치료 활동을 하는 국제 기구였지요.

이때 이종욱 박사는 가난한 나라를 대상으로 결핵과 소아마비, 에이즈 예방 사업을 펼치면서 '백신의 황제'라는 별명을 얻

었답니다.

2003년에 세계 보건 기구 사무총장을 뽑는다는 소식이 들렸어요.

'사무총장이 되면 더 많은 사람들을 도와줄 수 있을 거야.'

이종욱 박사는 자신의 경험과 능력을 믿고 선거에 나갔어요. 그리고 2003년에 한국인 최초로 세계 보건 기구의 사무총장이 되었답니다.

그런데 이종욱 박사가 사무총장이 되자마자 전 세계적으로 사스(SARS)라는 전염병이 돌기 시작했어요. 사스에 걸리면 열이 오르고 기침이 나며 숨쉬기가 힘들지요. 2003년 7월까지 약 8,000명이 사스에 감염되었고 약 800명이 목숨을 잃었답니다.

이렇게 많은 사망자가 생겨난 데에는 사스의 감염 속도가 빨랐고 사망률이 높은 전염병이었기 때문이에요. 당시에는 치료법도 없고 백신도 개발되지 않았거든요.

이종욱 박사는 사스를 겪으면서 전염병에 빠르게 대처할 수 있는 방법이 필요하다고 생각했어요.

"전염병과 같은 긴급 상황이 발생하면 30분 안에 관계자가 모여 회의를 열도록 합시다!"

전염병 대응 전략 센터를 만든 이종욱 박사는 너무 많은 일을 한 탓에 그만 2006년에 갑자기 세상을 떠나고 말았어요.

평소에 이종욱 박사는 세계 보건 기구 직원들에게 세 가지 원칙을 강조했다고 해요.

"우리는 '옳은 일'을 해야 합니다. '올바른 장소'에서 해야 하며 '올바른 방법'으로 해야 합니다!"

이종욱 박사가 세계 보건 기구를 통해 이루어 놓은 일들은 지금도 전 세계 사람들의 건강을 지키는 데 큰 역할을 하고 있답니다.

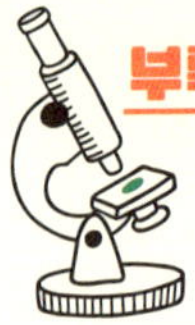

부록

전염병을 미리 예견한 이종욱 박사

이종욱 박사는 역대 세계 보건 기구 사무총장 가운데 가장 짧은 기간 동안 사무총장으로 일했어요. 그럼에도 가장 짧은 재임 기간 동안 가장 많은 일을 했던 사무총장이었지요.

2009년 4월, 신종 인플루엔자가 나타났을 때, 사람들은 가장 먼저 이종욱 박사를 떠올렸어요. 신종 인플루엔자 에이는 여러 종류의 인플루엔자 바이러스 유전자가 뒤섞여 있는 새로운 전염병이었어요.

생전에 이종욱 박사는 늘 새로운 바이러스가 변형되어 나타날까 봐 걱정했다고 해요. 그래서 그 준비를 미리 해 두어야 한다고 강조했어요.

다행히 세계 보건 기구는 이종욱 박사가 준비해 둔 타미플루로 신종 인플루엔자 에이 환자들을 치료했어요. 조류 인플루엔자의 치료제인 타미플루가 신종 인플루엔자 에이에 효과가 있었거든요.

또 이종욱 박사는 전략 보건 운영 센터를 만들어 감염병이 발생했을 때 각 나라의 정부가 즉시 세계 보건 기구에 상황을 알리고 세계 보건 기구의 지시 사항을 따르도록 만들었어요. 이러한 대처 방법으로 신종 인플루엔자 에이가 더 넓은 지역으로 퍼져 나가는 것을 막을 수 있었답니다.

이종욱 박사